Una mujer como tú

Sanidad interior a través de las experiencias de las mujeres de la Biblia

DRA. LIS MILLAND

Unilit

PUBLICAMOS PARA CAMBIAR VIDAS

Publicado por
Unilit
Medley, Fl 33166

Primera edición 2023

Edición: *Nancy Pineda*
Maquetación: *producioneditorial.com*

Producto: 495975

ISBN: 0-7899-2670-9/978-0-7899-2670-8

Categoría: *Vida cristiana / Vida práctica / Mujeres*
Category: *Christian Living / Practical Life / Women*

Impreso en Colombia
Printed in Colombia

Dedicatoria

*A cada mujer que ha sido valiente.
A quien a pesar de que han intentado silenciarla,
no ha callado, pues ha estado más que dispuesta
a pagar el precio por ser obediente a Dios.
Quien sigue la voz del Espíritu Santo, conoce de primera mano
lo que es la gracia, se viste del favor del Señor,
es testigo de cómo sus opresores quedan silenciados y saborea
victorias que van más allá de la comprensión humana.
Tú... te pareces a las mujeres de la Biblia mucho más de lo que
puedas imaginarte. Ellas también tuvieron que ser valientes.
¡Eres conforme al corazón de Dios!*

Contenido

Prólogo

Si antes de leer este libro te pregunto: «¿Cómo describirías tu vida?», creo que contestarías de una forma distinta por completo a cómo lo harías una vez que lo leas. ¿Por qué? Porque en *Una mujer como tú* recibirás el regalo de ver tu propia historia desde otra perspectiva. Tus debilidades, temores o errores dejarán de ser los protagonistas. Tus heridas, fracasos y tristezas ya no ocuparán el primer lugar.

La gracia divina del Dios que te ama es la protagonista de cada historia presentada en este libro; y en el espejo de ese amor es que la autora te invita a mirarte. Al hacerlo, de seguro que no volverás a ver tu vida de la misma manera. Como dice la autora en uno de sus capítulos: «Amada mujer, has quedado atrapada en el glorioso amor del Señor»... ¡y eso lo cambia todo!

A través de este libro, Lis nos invita a detenernos ante muchas de las mujeres de la Biblia. No solo examina sus características o historias, sino que también nos muestra cómo el amor de Dios se revela para cuidarlas y encaminarlas en sus propósitos, ¡revolucionando así sus vidas!

La Dra. Lis Milland entrelaza su conocimiento bíblico con el profesional, a fin de brindarte una experiencia integral en la que puedas fortalecer tu espíritu, sanar tu alma y transformar tu mente. En esta obra tienes la oportunidad de ser dirigida por una consejera cristiana para trabajar en aspectos importantes de tu vida y de ese modo poder recibir todo lo que Dios ha destinado para ti.

Te animo a que realices cuidadosamente cada ejercicio que te ofrece, pues el anhelo de Dios no solo es añadirle conocimiento a tu mente, sino dirigirte y saturarte de sobreabundante paz y libertad. Permite que Dios obre en ti a medida que aprendes la manera en que Él lo hizo en cada mujer de la Biblia. Pídele al Espíritu Santo que te muestre lo que no has visto y que te revele tu vida a través del espejo del corazón de Dios.

¡Este libro es un tesoro! Y lo es por una sencilla razón: ¡Tu Creador lo inspiró y lo escribió una mujer cuyo propósito de vida es la sanidad de todo tu ser!

Con amor,

Christy Muller

Introducción

Este libro es una fusión de narración bíblica en forma sencilla, amena y práctica con análisis de aspectos psicosociales profundos. Además, combina eficaces ejercicios de sanidad interior, comprobados científicamente, y basados en mi experiencia de más de veinte años como terapeuta clínica. Con este fin, realicé una labor de investigación al buscar el trasfondo histórico, político, cultural y social en el que se desarrollaron las historias de la vida de estas extraordinarias mujeres de la Biblia. A pesar de llevar toda mi vida en el evangelio, fue fascinante para mí descubrir cosas que no conocía. Esto me ayudó a entender mejor sus realidades y a notar cómo muchas de estas se parecen en gran medida a las nuestras. Por lo tanto, realizamos un recorrido muy interesante y espero que lo disfrutes tanto como yo.

Encontrarás análisis de casos que he atendido en mi oficina de consejería, historias de amigas y la aplicación de las técnicas más de avanzada en el campo de la psicología. Asimismo, pone a tu alcance consejos prácticos para ser feliz, vivir a plenitud, desarrollar la salud mental, la inteligencia emocional, las relaciones interpersonales eficaces y el crecimiento espiritual.

A través de la lectura podrás llegar al punto de tener la sensación de que estás en un proceso terapéutico de sanidad interior. Te va a ayudar a indagar y entender mejor la naturaleza de Dios y el trato que ha tenido con las mujeres, tanto las bíblicas como las contemporáneas.

En este libro las mujeres no están expuestas en el orden en el que aparecen en la Biblia, sino por temas para trabajar terapéuticamente. La mayoría de las mujeres de la Biblia fueron sencillas, comunes y, en muchas ocasiones, con perfiles económicos y sociales bajos. Sin embargo, la sublime y gloriosa intervención de Dios en sus vidas las llevó a convertirse en mujeres tan extraordinarias que hasta el día de hoy hablamos y aprendemos de ellas. Incluso, ¡podemos vernos en sus propios espejos!

Entre los temas que podrás trabajar contigo, pues a la misma vez las mujeres de la Biblia los tuvieron que hacer, están los siguientes, entre otros:

- La importancia de darle cierre a los ciclos emocionales.
- La manera de completar el proceso del perdón.
- Descubrir tu verdadera identidad en Dios.
- Fortalecer tu amor propio.
- Vencer sentimientos de orfandad.
- El manejo eficaz de las pérdidas.
- La activación de una fe radical.
- Identificar tu propósito en Dios.
- Vencer el afán y la ansiedad.
- Identificar cómo ser una verdadera adoradora del Señor.
- Ser intrépida ante el llamado de Dios.
- Los retos de la maternidad.
- El manejo de las frustraciones.
- Vencer los sentimientos de culpa.
- La toma de decisiones asertivas.
- Cómo superar las crisis de fe.
- Mantener la esperanza a pesar de las circunstancias.

Recomiendo que el libro se utilice tanto a manera de una guía personal como también para estudio bíblico o sesiones terapéuticas en grupos pequeños.

Mi anhelo es que tú, como lectora, seas edificada y hasta aliviada ante el hecho de que nuestras pruebas, desafíos, crisis o problemas son del mismo tipo de situaciones que las mujeres de todos los tiempos han tenido que enfrentar, y esto incluye a las mujeres de la Biblia.

Mi oración por ti es que una vez completes este libro, que es a la vez un manual de trabajo para tu crecimiento espiritual, emocional y social, puedas enamorarte del Señor como nunca y recibas el aliento para alcanzar los maravillosos propósitos que Él tiene para ti. Al finalizar estas páginas te convertirás en un testimonio vivo de lo que es la transformación del alma. Prepárate, pues no serás la misma persona al terminar el proceso. ¡Lo lograrás!

Ahora, te invito a que hagas un compromiso con Dios, contigo misma y con la humanidad, a fin de convertirte en la mejor versión de ti a través de un proceso de sanidad interior y de experiencias de grandes mujeres en la Biblia:

Compromiso

Hoy, me comprometo a honrar a Dios al vivir de la siguiente manera:

_____

_____

_____

_____

Firma	Fecha

Capítulo 1
Agar

Encontrada en el desierto y el llanto de su hijo que se escuchó

«Cuando Dios oyó al niño sollozar, el ángel de Dios llamó a Agar desde el cielo y le dijo: "¿Qué te pasa, Agar? No temas, pues Dios ha escuchado los sollozos del niño. Levántate y tómalo de la mano, que yo haré de él una gran nación". En ese momento Dios le abrió a Agar los ojos, y ella vio un pozo de agua. En seguida fue a llenar el odre y le dio de beber al niño».

Génesis 21:17-19, NVI®

La historia de Agar es poderosa y llena de revelación en cuanto a cómo es el carácter de Dios y de cómo Él hace las cosas. Pone de relieve la realidad de que, en muchas ocasiones, las intervenciones del Señor pueden alejarse de los códigos humanos. Así que esta historia nos puede hacer salir de nuestras ideas simplistas con respecto a aspectos religiosos, al llamado, al cumplimiento de las promesas, a la forma en que el Señor se mueve en medio de nuestras dificultades, y a la manera en la que obra Dios en cuanto a su gracia y misericordia.

Algunos pueden ver a Agar como un personaje secundario en la historia de Abraham y Sara, o solo como la madre de Ismael. Sin embargo, el estudio en profundidad de los capítulos 16 y 21 de Génesis nos revela que su historia es la historia misma de Israel. Además, de seguro que puede parecerse a la historia de muchas de nosotras también en cierta forma. Las experiencias vividas por Agar nos enseñan algo de suma importancia acerca de Dios y es que Él nos encuentra cuando vagamos en lugares desiertos.

La historia de Abraham y Sara

Sin lugar a dudas, para poder comprender la jornada de Agar es inminente examinar la historia de Abraham y Sara. Dios le había prometido a Abraham que se convertiría en el padre de una gran nación. Lo exhortó a que mirara a los cielos y que contara las estrellas a ver si podía, destacándole que así sería su descendencia (lee Génesis 15:5).

Hay milagros y portentos de Dios que se manifiestan en forma rápida y extraordinaria, pero en otras ocasiones puede ser a través de un proceso. Creo que cuando el Señor lo permite de esta manera es porque en el proceso va haciendo tratos importantes con nosotras, lo cual implica paciencia, espera, incertidumbre y hasta momentos de sufrimientos. Sin embargo, esto no quiere decir que no se cumplirá lo que Él nos prometió. En el trascurso del cumplimiento de la promesa se van formando aspectos muy necesarios dentro de nuestro carácter y donde nuestro temperamento puede ser pulido. Así lo fue para Abraham y Sara; y también lo fue para Agar.

¿Qué ocurrió? Que la promesa de Dios a Abraham se encuentra con la aflicción de Sara y sus ansias de tener un hijo. Cuando Sara interpretó que Dios «se estaba tardando», creó una estrategia. Resulta que cuando nosotras queremos «ayudar a Dios», podemos alterar el plan perfecto que proviene de Él. La desesperación y la impaciencia nos pueden llevar a tomar decisiones que nos pueden generar conflictos en la vida.

El deseo y la impaciencia de Sara metieron a Agar en esa historia de la promesa. Las ramificaciones de la decisión de Sara tendrían consecuencias duraderas para todos los personajes implicados en esta historia. Quiero recordarte que Dios siempre llega a tiempo, aunque nosotras en nuestra humanidad lo interpretemos como que se está tardando. Para un Dios que es eterno, Él siempre está en *tiempo* y sus planes siempre se cumplirán en un diseño que no tiene fallas.

Agar, como esclava, no tenía derechos, ni poder decisional, ni voz y sus amos podían hacer con ella lo que bien les pareciera. En los tiempos bíblicos no era poco común que las personas de poder o posición social procurasen tener hijos mediante sus siervas. Sara le pide a Abraham que tuviese relaciones sexuales con su esclava egipcia y él aceptó la propuesta para poder tener un hijo. Agar concibió, y tan pronto se dio cuenta de que estaba embarazada, comenzó a mirar con desprecio a su dueña.

> *Entonces Saray le dijo a Abram:*
> *—¡Tú tienes la culpa de mi afrenta! Yo puse a mi esclava en tus brazos, y ahora que se ve embarazada me mira con desprecio. ¡Que el Señor juzgue entre tú y yo!*
> *—Tu esclava está en tus manos —contestó Abram—; haz con ella lo que bien te parezca.*
> *Y de tal manera comenzó Saray a maltratar a Agar, que esta huyó al desierto.* (Génesis 16:5-6 NVI®)

¿Alguna vez te has sentido utilizada? ¿Alguna vez te has sentido como un objeto? ¿Alguna vez te has sentido despreciada? ¿Alguna vez te has sentido humillada? ¿Alguna vez te has sentido maltratada? ¿Alguna vez has sentido que te han juzgado mal? Puede ser que no sea «alguna vez», sino que hoy te sientas así. La historia de Agar no terminó aquí. La tuya tampoco.

El encuentro del Señor con Agar en el desierto

La esclava Agar, encinta y en conflictos con Sara, huye al desierto. Huye de la humillación y de la opresión. Lo interesante es que el nombre Agar es de origen hebreo y quiere decir «la que huye» («huida [fuga]», «forastera», «errante»).

El ángel del Señor la encuentra en el desierto. Fíjate que no fue que ella lo encontró, ni tampoco se registra que lo estuviera buscando, pero él la encontró a ella. Es que siempre nos encontrarán en la zona del dolor. El amor y la gracia del Señor se abren paso en los desiertos más áridos de la vida. Hace poco estuve físicamente en En-gadi, el lugar que inspiró muchos de los salmos. Pude ver un manantial de agua salir de uno de los desiertos más áridos del mundo. Así es la providencia divina en la aflicción. Es más, el ángel del Señor se le apareció junto a un manantial y le hace una pregunta compuesta de dos partes:

—*Agar, esclava de Saray, ¿de dónde vienes y a dónde vas?*

—*Estoy huyendo de mi dueña Saray* —respondió ella. (Génesis 16:8, NVI®)

Notemos que el ángel del Señor la conocía por nombre y también sabía de su situación. Parece más bien como que la quería escuchar a ella. ¡Qué bueno es saber que en los desiertos se nos abren espacios para decir cómo nos sentimos y hay un mundo espiritual receptivo a eso! Aunque la pregunta estaba compuesta de dos partes: «¿De dónde vienes y a dónde vas?», Agar solo respondió: «Estoy huyendo». Estaba concentrada en su circunstancia de angustia y de aflicción. Nunca pudo responder hacia dónde iba. Así nos puede pasar a nosotras en los momentos de crisis. Carecemos de dirección, hay incertidumbre y nos sentimos perdidas. Agar estaba concentrada en lo que le habían hecho y en el temor que tenía.

Debido a los aspectos emocionales que estaba viviendo, Agar estaba desorientada y no podía proyectarse hacia el futuro. Sin embargo, entonces, el emisario del Cielo le dijo lo que iba a suceder en su vida. Cuando estamos perdidas, la voz de la dirección de Dios casi siempre llega.

«De tal manera multiplicaré tu descendencia, que no se podrá contar. Estás embarazada, y darás a luz un hijo, y le pondrás por nombre Ismael, porque el Señor ha escuchado tu aflicción. Será un hombre indómito como asno salvaje. Luchará contra todos, y todos lucharán contra él; y vivirá en conflicto con todos sus hermanos». (Génesis 16:10-12, NVI®)

Parte de la dirección que recibió Agar sobre el futuro fue la revelación del nombre que le debía poner a su hijo. «Ismael» quiere decir «Dios escucha». Esto es una gran experiencia para Agar. Un recordatorio de por vida de que cuando estaba en el desierto, el Señor le habló y la vistió de promesas. Me imagino que cada vez que llamaba a su hijo por su nombre para que hiciera las tareas, una vez tras otra su alma se renovaba con la pronunciación de «Ismael». En cuanto a ti, ¿el nombre de tus hijos te dice algo?

Los desiertos de la vida

Los desiertos de la vida muy bien pueden compararse con la depresión. Se trata de ese lugar árido donde tienes la sensación de que miras hacia los cuatro puntos cardinales y no ves nada. Hasta tienes la sensación de que buscando respuestas del Cielo no sucede nada.

Desde hace algunos años, atiendo a una paciente que batalla contra la depresión. La admiro, pues no se rinde y siempre busca las estrategias para estar bien. Es una mujer de Dios y me ha contado que para ella es muy fácil identificarse con Agar, debido a que ha estado en el desierto y también allí ha sido como encontrarse cara a cara con el Dios viviente. Dice que su desierto es la depresión, y que es un lugar donde la incertidumbre, el dolor, la pesadumbre y la oscuridad la acompañan día tras día. Aun así, sabe que en medio del dolor, la fatiga y el cansancio existe alguien que le dice: «No estás sola. Yo, tu Dios, estoy contigo. Podrás salir victoriosa y, porque te amo, te haré libre».

Para esta mujer la depresión es un desierto que la sorprendió. La incomprensión de personas la hicieron dudar de sí misma con frases como esta: «Solo tienes que poner más de tu parte», y muchas otras. Frases que taladraban su mente. Eso sin contar cuando la palabra «suicidio» la visitaba. En cambio, Dios siempre llega a nuestra vida como llegó a la vida de Agar. Lo ha hecho con esta paciente y lo hace en tu vida también.

En uno de los tantos momentos que se sintió en el desierto, pensó que moriría, pero Dios no lo permitió. Experimentaba un profundo sentimiento de vacío y el pensamiento continuo de que estaba sola. En cierta ocasión, se encontraba llenándole unos documentos a una persona en su trabajo. A pesar de su profunda depresión, hacía un esfuerzo monumental para poder estar en su escenario laboral y poder cumplir con sus funciones. Mientras tanto, se hacía muchas preguntas que no tenían respuestas para ella.

Tiempo después se encontró a la persona a la que le estaba llenando los papeles y le dijo a mi paciente que ese día había visto a su lado una figura que brillaba y no podía ver su rostro. Pensó: *¡Qué bonito es mi Jesús! Esperó el momento perfecto para que supiera que, a pesar de que pensaba que estaba sola y que Él no me escuchaba, estaba equivocada. ¡Él siempre estuvo conmigo!*

La depresión es una condición que les genera muchas dudas a las personas. Es un sentimiento prolongado de tristeza, desmotivación, desgano, fatiga emocional y física. Todos podemos experimentar tristeza en distintos momentos de la vida, y esto es normal. Sin embargo, en la depresión, la persona se siente incapaz de enfrentarse a situaciones comunes que una persona que no está deprimida las podría manejar de forma acertada y sin mayores conflictos. Algo muy característico en una persona deprimida es la falta de esperanza, y hasta un día soleado lo siente gris. Estos sentimientos suelen presentarse de manera constante por dos semanas o más.

Deseo con todo mi corazón que si has estado en el desierto de la depresión, grabes estas palabras en tu alma hoy:

Más allá de las pérdidas y de las experiencias tan duras que te han tocado vivir, hay un horizonte. Aunque te sientas dentro de un laberinto donde no puedas ver la salida o dentro de un túnel donde no puedes ver la luz, hay esperanza para ti. El Señor te encuentra en ese desierto. Él tiene grandes propósitos preparados para ti. ¡No te rindas!

Agar, una mujer esclava no israelita, carente de poder o de estatus social, es la primera persona registrada en la Biblia que la visitó un ángel del Señor. ¡Es la única persona en la Escritura en ponerle un nombre a Dios, *El Roi*, «el Dios que me ve»! En medio del dolor y las dificultades, Agar recibe la bendición y las promesas de Dios. Estas son buenas noticias para aquellas de nosotras que sabemos que no somos perfectas, que hemos andado en lugares desiertos, que hemos llorado, que hemos tenido que salir corriendo de una situación y que podemos ser sobrevivientes de maltrato, abandono o de rechazo.

La importancia de cerrar ciclos emocionales

A través de personajes bíblicos, como Agar, es que vemos al Señor listo para encontrarse con nosotras en el lugar de la desesperación, del dolor y de la incertidumbre. Cuando todo parece indicar que Dios está ausente o que sus promesas no tendrán cumplimiento, Él nos encuentra y tiene un trato con nosotras que nos marca para siempre.

Es curioso observar el hecho de que Agar solo hablaba del pasado y de lo que le hicieron, sin poderse proyectar hacia el futuro. El ángel del Señor le da la instrucción de que regresara al lugar de su aflicción.

Y le dijo el ángel de Jehová: Vuélvete a tu señora, y ponte sumisa bajo su mano. (Génesis 16:9)

Estos son procesos fundamentales para nuestra sanidad interior. No nos restauramos huyendo, nos restauramos enfrentando el dolor emocional y manejándolo para darle un cierre saludable.

Los procesos a los que nos tenemos que someter de parte de Dios para poder saborear la victoria final no necesariamente son sencillos, pueden ser complejos. Sin embargo, siempre redundarán en nuestro beneficio para la obra que Dios desea completar en nosotras. ¡Hay que cerrar ciclos! Las heridas no deben quedarse abiertas.

Agar es un ejemplo de que nuestra mente puede quedarse atrapada en momentos del pasado que conforman ciclos a los que ya no deberíamos pertenecer, pues frenan nuestro propio avance y el presente. Cuando nos quedamos en ese discurso de «lo que me hicieron» y lo «que me pasó», nos estancamos en la vida. A todo esto se le llama apego, que es el vínculo afectivo que nos ata a experiencias negativas en ocasiones sin sentido alguno.

No se trata de olvidar. El olvido no existe, porque todo queda registrado en nuestra memoria, sino de descubrir la transformación dentro de una misma a fin de poder seguir avanzando a pesar de la pérdida sufrida, de los abusos o de las injusticias. Cuando ocurre esto, comenzamos a recordar sin dolor. Es más, damos gracias por lo que fue y no sufrimos por lo que ya no es. Logramos asimilar la vivencia del dolor como una experiencia para crecer y aprender, no como una caída que nos vuelve vulnerables.

Parece bastante fácil, pero lograrlo requiere trabajar un perdón que muchas veces nunca llega, pues quien nos falló no lo pide y nunca reconoce el daño que nos hizo. Por lo tanto, aprender a no guardar rencores se

vuelve un trabajo personal que solo podemos completar con la ayuda de Dios y, en ocasiones, hasta debemos
buscar ayuda profesional.

Es imposible que encuentres una explicación o respuesta a todas las preguntas que te lleguen a la cabeza
cuando estas tratando de hacer un cierre emocional. Lo
cierto es que, a veces, no todo resulta justo o lógico, y tenemos que aprender a vivir con eso. Empeñarse y aferrarse
a querer entender con exactitud lo sucedido y la razón de
que sucediera, nos desgasta para lograr enfocarnos en cerrar el ciclo de manera saludable, tal y como es el anhelo
del corazón de Dios. Hoy puedes recibir su promesa:

*Aquello que fue, ya es; y lo que ha de ser, fue ya; y Dios
restaura lo que pasó.* (Eclesiastés 3:15)

En la vida no tenemos el control de todas las cosas.
Como le sucedió a Agar, otros toman decisiones que nos
afectan a nosotras. El mejor camino para lograr aceptar
lo que ya nos pasó, es dejar de pensar en posibilidades
distintas debido a que el pasado, aunque si lo trabajamos
puede restaurarse, no lo podemos cambiar. Te invito con
amor a dejar de darle vueltas al «¿Y si yo hubiera...?»,
«¿Qué habría pasado si...?», «¿Sería posible que...?».

Para lograr cierres emocionales saludables es fundamental trabajar el perdón. Me he dado cuenta de que,
por lo general, las personas deciden perdonar cuando se
percatan de que permanecen como heridas ambulantes
si no lo hacen. Es fascinante para mí ver cómo el perdón
funciona como el antídoto idóneo para reconstruir en
nuestro interior lo que pasó.

Estoy segura de que Agar no deseaba que la utiliza-
ran ni lastimaran. Nadie hace planes para recibir una
herida, una infidelidad, una traición o una vengan-
za. Es lamentable que parezca no haber límites a las

heridas que los seres humanos les puedan causar a otros. El perdón, en cambio, siempre es el recurso por excelencia para sanar.

La relevancia del perdón

Te presento algunos puntos importantes sobre el perdón, a fin de que reflexiones y medites en su alcance. Todos se basan en experiencias personales y en casos que he visto en la oficina:

- El perdón es una decisión personal. Por encima y más allá de la profundidad de la herida, de cuán hondo nos lastimaran o de quien provenga el daño, Dios ya ofreció su gracia para ayudarnos a vencer.
- Mientras más íntima y profunda sea la relación que las personas tengan con Dios, más fácil les resultará perdonar y seguir adelante. Hay cosas que solo con la ayuda del Señor se pueden lograr.
- Para hablar del perdón, lo justo es que reconozcamos la realidad del dolor infligido. Si no nos hubieran lastimado, no habría necesidad de perdonar.
- Debemos reconocer cuánto nos duele lo que nos sucedió. Cuando hay aceptación, comienzan los cambios.
- Completar el proceso de perdón es un fundamento para ser feliz. Es imposible vivir en plenitud y gozo sin haber perdonado.
- Tiene que llegar el momento en el que me mueva de la zona emocional de dolor y no quedarme atascada a lo que pasó. Los que mantienen sus memorias activas con los momentos en los que les hirieron, casi siempre están llenos de amargura.

- Uno de los mayores problemas que tienen las personas lastimadas es su tendencia a herir a otros, aun cuando esa no sea su intención consciente. Puedo transferir la amargura de mi vida a quien menos se lo merece.
- Perdonar es deshacerse de la amargura. Cuando nos negamos a perdonar, le damos lugar a la aflicción, a la ira, a la tristeza, a la irritabilidad, a las enfermedades físicas y a la depresión.

¿Cuánto tiempo llevas cargando una aflicción por la falta de perdón? ¿Todavía te duele o te molesta? Mientras más rápido se perdone a nuestros ofensores, mucho mejor será para nosotras. No tenemos que esperar a que las personas que nos hicieron daño nos pidan perdón para entonces perdonarles. No debemos condicionar el darle un cierre emocional a los daños que nos infligieron al hecho de que haya una admisión de la falta en el ofensor. ¿Cuánta gente te ha lastimado y nunca ha reconocido el daño que te ha hecho?

¡Perdonar tiene muchos beneficios! ¡Cerrar ciclos nos hace libres! Cuando las personas completan el proceso de perdonar, suelen sentirse más felices, con mayor confianza en sí mismas, se aceptan mejor y caminan por la vida con mayor ímpetu. Por experiencias propias reconozco que la decisión de perdonar no es fácil. Sin embargo, es la única manera de seguir adelante. La mejor ruta es la que produce la restauración de nuestra alma y esa es la senda del perdón.

Si tomamos el camino de atarnos al dolor de lo que nos han hecho, como le pasaba a Agar, esa amargura echará raíces en nuestra alma y eso no es justo ni para nosotras mismas ni para los demás. No hay límites en la paz que se experimenta cuando se perdona, y la voluntad del Señor para nuestras vidas es que vivamos en paz:

No paguen a nadie mal por mal. Procuren hacer lo bueno delante de todos. Si es posible, y en cuanto dependa de ustedes, vivan en paz con todos. (Romanos 12:17-18, NVI®)

Pasos para cerrar los ciclos emocionales

Ahora bien, antes de continuar, quiero sugerirte algunos pasos que te permitan cerrar los ciclos emocionales:

1. **Identifica el daño que te han hecho:** Debe haber una aceptación sobre lo que te ha lastimado y que ha tenido un impacto en tus emociones.
2. **Comprende que el ciclo de dolor debe llegar a su fin:** Hay personas que se atan al sufrimiento y no lo quieren soltar. Toma la decisión de desligarte de lo que no te permite ser feliz.
3. **Suéltalos:** Existen apegos emocionales que son dañinos en gran medida, sobre todo cuando el apego es a la propia experiencia de dolor. Comprendo que soltarlos puede ser difícil y genera sentimientos de vacío. Sin embargo, continuamente les digo a mis pacientes que aunque soltar duele, mantenerse aferrado a los recuerdos y experiencias que nos lastiman de seguro que duele mucho más.
4. **Perdónate a ti misma:** Este es el perdón más complejo de resolver, pues siempre me tengo conmigo y puede estar de forma constante el dedo acusador en mi contra. Aun así, es el más importante, dado a que si no lo tengo resuelto, provoca sentimientos de culpa desde el punto de vista emocional. Intenta sentir empatía contigo misma.
5. **Acepta lo ocurrido como una experiencia de crecimiento en tu vida:** La vida se trata de un continuo

cúmulo de experiencias para derivar lecciones y crecer a nivel emocional y espiritual. Es muy buen ejercicio poner por escrito la respuesta a esta pregunta: *¿Qué he aprendido con lo que viví?*

6. **No hables más de lo mismo:** Pasar página implica que se está logrando un nivel de sanidad en el que no es necesario continuar con las mismas narrativas de lo que me pasó y de lo que me hicieron.

7. **Aléjate de lugares, personas y cosas que te mantengan en el ciclo:** Cambia de ambiente y desarrolla relaciones con gente nueva que te lleve a convertirte en una mejor versión de ti misma y que no te arroje de nuevo a ciclos de los que ya decidiste salir.

8. **Depende del Señor:** Lo que no podemos lograr con nuestras fuerzas lo podemos alcanzar con la fortaleza que nos da Dios. Él es nuestro socorro y pronto auxilio. Sin Jesús, nada podemos hacer. Depende de Él y verás cómo alcanzarás liberarte de las cadenas que te ataban en el ciclo emocional.

Dios siempre escuchará el llanto de nuestros hijos

La promesa que Dios les dio a Sara y Abraham se cumple. Isaac nace y surgen conflictos entre Ismael y él. Sara se da cuenta y le pide a Abraham que sacara de la casa a Agar y a su hijo. Este asunto angustió a Abraham, porque se trataba de su hijo. Sin embargo, tomó un pan y un odre de agua, y los expulsó. Entonces Agar va de nuevo hacia el desierto, pero ahora con su hijo. Veamos qué sucedió:

Cuando se acabó el agua del odre, puso al niño debajo de un arbusto y fue a sentarse sola a cierta distancia, pues pensaba: «No quiero ver morir

*al niño». En cuanto ella se sentó, comenzó a llorar
desconsoladamente. Cuando Dios oyó al niño sollozar, el ángel de Dios llamó a Agar desde el cielo y le
dijo: «¿Qué te pasa, Agar? No temas, pues Dios ha
escuchado los sollozos del niño. Levántate y tómalo de la mano, que yo haré de él una gran nación».*
(Génesis 21:15-18, NVI®)

Esto nos permite ver con claridad que Dios estará
atento al llanto, a las necesidades y a las situaciones
de nuestros hijos. No debemos temer, sino confiar en
que sin importar de cuáles sean las circunstancias, el
Señor intervendrá para rescatar, cuidar y fortalecer a
nuestros hijos.

Mi amado hijo Adrián tiene un diagnóstico relacionado al habla y al lenguaje. Esta condición se llama
apraxia verbal y motora. A los niños que tienen esta
condición les ocurre algo a nivel neurológico que, a pesar de que todo lo comprenden y saben lo que quieren
decir, en la planeación cerebral no le salen las palabras.
En cuanto al aspecto motor, también requieren terapias
especializadas para lograr unas fortalezas.

Cuando adoptamos a nuestro hijo, teniendo el hermoso privilegio de que naciera desde nuestro corazón,
buscamos todos los recursos y las mejores ayudas para
que lograra superarse en todas las formas posibles e imposibles, también porque no creemos en las limitaciones.

Aun desde antes de conocer a Adrián y de que llegara
a nuestras vidas, yo oraba para que el Señor lo cuidara.
Le decía al Padre celestial: *Dondequiera que esté nuestro
hijo, bendícelo y protégelo.* Sin nunca haberlo visto, ya lo
amábamos y le pedíamos al Señor que su cobertura estuviera con él.

Cuando nos presentaron a Adrián, nos hablaron
de la condición. Además, nos explicaron que mientras

estaba en el albergue de niños huérfanos, una patólo-
ga del habla de la escuelita donde estudiaba se había
interesado en su caso y se dio cuenta de que era necesario hacerle una serie de evaluaciones para identificar con precisión qué era lo que le estaba sucediendo.
Cuando nos dijeron esto, mi esposo y yo pensamos en
lo mismo: *Qué especial y sensible debe ser esa persona
cuando le prestó atención a un niño sin padres y buscó
auspiciadores de servicios privados en el área del habla
para que lo evaluaran.*
    ¿Cuál fue nuestra sorpresa? Que la patóloga es una
muy amiga nuestra que vivía en una ciudad distante a
nosotros, pero sí muy cerca del albergue. Lo cierto es
que cuando esta amiga hizo esto, ninguno de nosotros
nos imaginábamos que Adrián sería nuestro hijo. Esta
fue mi primera experiencia para comprender que Dios
lo cuidó y lo cuida aún.
    Las madres podemos tener una tendencia natural a
preocuparnos por nuestros hijos. Según estudios cien-
tíficos, estas preocupaciones se multiplican cuando se
refieren a niños con condiciones especiales.
    Cuando lo matriculamos en la escuela, ya vivien-
do con nosotros, tuvimos una experiencia en la que en
una ocasión acusaron a Adrián de algo que le hizo a
otro niño y le aplicaron consecuencias. En cuanto me
dijeron que Adrián le había cortado los cordones de los
zapatos de otro niño, de inmediato supe que él no lo
pudo haber hecho, pues no tiene la fuerza motora para
lograrlo. En ese tiempo necesitaba asistencia para lograr cortar papel.
    Como todo sale a la luz, a los días se supo en la es-
cuela que no había sido Adrián. Esta situación me dio
mucho coraje y les aseguro que con todo lo que respeto a los maestros, porque es la profesión que más
admiro, no pude disimular la frustración de que lo

castigaran por algo que no había hecho y que por su limitación del habla no se pudiera defender. Creo que fue la primera experiencia donde entendí la fortaleza que tenemos las madres cuando se trata de proteger a nuestros hijos. Luego de esto, cada vez que lo dejaba en la escuela me quedaba ansiosa. A mi mente venían pensamientos automáticos de que le podía volver a pasar algo y que no tendría los medios para protegerse. Durante el día, mientras estaba en el trabajo, venía la inquietud a mi mente de si estaría bien. Esta experiencia sirvió para darnos cuenta de que al terminar el año escolar, para lo que no faltaba mucho tiempo, debíamos cambiarlo de escuela, pues necesitaba una más especializada en su diagnóstico. Adrián ha superado muchas cosas en estos años y es un milagro. Ha sido una combinación de fe, constancia, perseverancia, disciplina y motivación. No obstante, por sobre todas las cosas quiero destacarte que en ese tiempo hubo una intervención que Dios tuvo conmigo en uno de esos momentos de ansiedad y fue: *Lis, tú no puedes cuidar a tu hijo las veinticuatro horas del día, porque eso es imposible. No temas. Yo sí.*

Te regalo estos testimonios y, como podrás imaginar, hay otros. Supongo que tú también tienes unos cuantos en los que el Señor te ha mostrado que cuida de tus hijos y que, tal y como lo hizo con Agar y conmigo, Él escucha el llanto del muchacho donde está.

Por otra parte, cuando llegan noticias que nos perturban, la esperanza en el Señor es el sostén oportuno. Una paciente a quien atiendo hace años ha demostrado ser una madre muy valiente frente a lo inesperado. Es un gran ejemplo de que cuando confiamos en que Dios es el que cuida a nuestros hijos en el desierto, podemos descansar y veremos lo imposible hacerse posible. Esta es su historia:

«Yo podría ser Agar»

Entonces, ocurrió lo inesperado cuando un detente llegó a mi vida y a mi casa. En ese momento es en el que sentí que me lanzaban al desierto, al igual que Agar, sin esperanza y sin ninguna posibilidad de que el destino cambiaría.

En el año 2018, ocurrió lo que nunca pensé que viviría. La desesperación llegó a mi casa cuando mi primogénito presentó su primera crisis mental y, con esta, su primera hospitalización. En ese momento no entendía lo que sucedía. Desde el embarazo, crecimiento y desarrollo de mi hijo, me esforcé para que durante esas primeras etapas tuviera las mejores experiencias de vida, pero sobre todo me esforcé para que a través de esos primeros años de vida conociera a Jesús.

En el verano de ese año es cuando sin entender lo que estaba pasando, y mientras mi hijo estaba hospitalizado, recibo una llamada. Se trataba del manejador de caso del hospital. Le escucho y le pregunto:

—¿Qué tiene mi hijo? ¿Por qué está diciendo que escucha voces? ¿Por qué habla incoherencias?

Mientras conducía, dialogaba con él. Entonces, de repente me dice:

—Mamá, su hijo tiene esquizofrenia.

No podía creer lo que estaba escuchando. En ese momento le respondo:

—No puede ser, mi hijo nunca se ha enfermado, él siempre ha sido saludable, está estudiando y tiene mucho por vivir. Es joven y dentro de poco cumplirá veintiún años.

En ese instante, detuve mi auto, sentía que me faltaba el aire y que debía ser un error lo que me estaba diciendo. Una película pasó por mi cabeza de todo lo vivido, desde el embarazo hasta ese momento. Cada sonrisa, sus primeros pasos, sus primeras palabras, sus logros y cada uno de los sueños alcanzados y los que aún faltaban por alcanzar. El manejador de caso continuó diciendo:

—Mamá, él no podrá continuar sus estudios, no podrá casarse ni tener una familia. No podrá tener una vida como la que usted espera para él. Le recomiendo que busque información sobre esta enfermedad, pues es una enfermedad para toda la vida, no tiene cura y debe saber cómo manejarla.

De repente, me sentí perdida, sentí un gran vacío, sentí que me habían lanzado al desierto para ver morir a mi hijo. Para ver morir sus sueños, sus metas, su destino, y sentí que moriría junto a él. Ese fue el comienzo de una larga, triste y dura travesía acompañada de once hospitalizaciones, de intervenciones de policías y paramédicos, de visitas a salas de tribunales y de largas noches.

La tristeza embargó mi corazón en múltiples ocasiones, la soledad, la depresión, la desesperanza, la desilusión y sobre todo la falta de fe. En mi interior estaba presente la promesa que Dios le había hablado a su vida, pero al mismo tiempo sentía coraje, tristeza, frustración y le pregunté a Dios en múltiples ocasiones: «¿Por qué mi hijo? ¿Por qué tengo que ver morir sus sueños?».

En ese momento es cuando pienso: «Yo podría ser Agar». Me imagino a Agar en el desierto pensando en que su hijo moriría de hambre sin que ella pudiera hacer algo para evitarlo. Pienso en los días de soledad, incertidumbre y desesperación que tuvo que haber vivido mientras anduvo errante por el desierto de Beerseba junto a su hijo. Sin embargo, veo cómo aun en el desierto Dios fue su pastor. La Palabra nos dice que un ángel de Dios escuchó la voz y el llanto de

Ismael, y respondió a su clamor diciendo: «¿Qué tienes, Agar? No temas; porque Dios ha oído la voz del muchacho en donde está» (Génesis 21:17).

El tiempo pasaba y pensé que todo había terminado, que ya no había nada que pudiera hacer y que era el fin. Pensé que esas primeras palabras que escuché serían el destino de la vida de mi hijo, a pesar de que en mi corazón y mente Dios me recordaba que Él tenía un propósito y un destino mayor de lo que mis ojos podían ver.

El proceso ha sido difícil, fuerte y duro. Han sido muchos los años de espera, años en los que ha llevado tiempo identificar el tratamiento adecuado. Sin embargo, a pesar de eso, Dios me ha recordado que no estoy sola. En el momento que a Agar e Ismael los lanzaron al desierto, ella esperaba verlo morir. Sin embargo, Dios escogió a Ismael y le dio una palabra sobre su vida: «Y en cuanto a Ismael, también te he oído; he aquí que le bendeciré, y le haré fructificar y multiplicar mucho en gran manera; doce príncipes engendrará, y haré de él una gran nación» (Génesis 17:20).

Cuando pensé que todo estaba perdido, Dios me recordó que Él había dado una palabra a la vida de mi hijo. Dios me recordó que, aunque el pronóstico reflejara que no lo lograría, que no podría continuar sus estudios, que no podría seguir hacia adelante, Él es quien tiene la última palabra.

Hace dos años que mi hijo no tiene una hospitalización. Dios nos ha sostenido en el desierto. Él ha continuado sus estudios y utiliza su voz para adorar y exaltar el nombre de Dios. ¿Cuál fue la recomendación para su mejoría? Que lo internara en un centro o en el hospital psiquiátrico del estado debido a que mi vida, al igual que su vida, corría peligro. Sin embargo, yo me levanté, clamé y Dios escuchó mi clamor. Ante

todo pronóstico negativo, Él ha levantado bandera.
Dios no ha terminado la sanidad completa en su vida,
pero de algo estoy segura, y es que Él le bendecirá, le
hará fructificar, y hará que sea un hombre de destino
y propósito para su gloria.

Recuerda, ¡tú también puedes ser Agar! Hoy Dios te
dice: «No temas, levántate». Así que presenta tu problema ante su presencia, pues Él abrirá tus ojos espirituales
y verás las maravillas que tiene reservadas para ti. Así
dice tu Dios:

He aquí que yo hago cosa nueva; pronto saldrá a luz;
¿no la conoceréis? Otra vez abriré camino en el de-
sierto, y ríos en la soledad. (Isaías 43:19)

Dios escucha tu clamor desde el desierto. Sus oídos
están atentos a tu llanto y al de tus hijos. Así como Ismael creció, habitó en el desierto y fue tirador de arco,
Él te enseñará a que crezcas, habites en el desierto y tomes lo que ha puesto en tus manos, pues en el desierto
es donde crecerás, florecerás y te fortalecerás hasta llegar a alcanzar lo que Dios tiene preparado para ti.

Oración

Dios eterno:
Aunque soltar no es una tarea fácil, estoy segura de
que con tu ayuda y fortaleza no hay nada que no
sea capaz de lograr. Puedo reconocer que dentro
de mí hay puntos sensibles, heridas que no están
cerradas por completo y asuntos difíciles que con-
sideraba resueltos.
Hoy, Padre celestial, por tu sublime gracia me
diriges con amor hacia mi restauración. Me guías a

desatarme de las cadenas de opresión y amargura generadas por la frustración, el coraje hacia quien me lastimó y la falta de perdón. Disfruto del hermoso regalo de perdonar y soltar toda consecuencia del daño que me infligieron.

Me comprometo a detener toda tristeza y a no darle cabida a la depresión ante lo que ya pasó y que, en este instante, no puede cambiarse de manera circunstancial, pero sí edificarse en mi interior. Reconozco que solo el poder del perdón puede mantenerme con paz dentro de tu voluntad y siendo llevada hacia adelante en el fluir ascendente de tus planes eternos para mi vida.

Tú encontraste a Agar en el desierto y escuchaste el llanto de su hijo. Te pido que oigas el llanto de mi alma y las necesidades de nuestros hijos. Abrázanos y socórrenos con tu amor para poder descansar en tus dulces brazos.

En el poderoso nombre de Jesús, amén.

Afirmaciones

Te invito a que hagas tuyas las siguientes declaraciones:

- Hoy encuentro un tesoro porque decidí reconstruir el pasado.
- El amor del Señor es más fuerte que cualquier daño que me hayan hecho.
- Abro mi corazón al poder restaurador de Dios.
- Soy libre de cada dolor, ira y culpa.
- Todo está bien en mi alma.
- He perdonado.
- Me siento segura en el amor del Señor.

Tus propias afirmaciones

_____

_____

_____

_____

_____

_____

Ejercicios

1. Identifica las experiencias que has atravesado en la vida que han sido un desierto emocional.

_____

_____

_____

_____

2. En ese «tiempo de desierto», ¿cómo se te manifestó Dios?

_____

_____

_____

_____

3. Hemos comparado el desierto con lo que se siente una depresión. Me interesa que puedas explorar la posibilidad de que puedas estar atravesando depresión en estos momentos. Marca los síntomas que identificas que has experimentado en las últimas dos semanas:

_____ Tristeza frecuente.

_____ Alteración en los patrones de sueño.

_____ Pérdida de energía.

_____ Desmotivación.

_____ Llanto.

_____ Alteración en los patrones alimenticios.

_____ Sentimientos de culpa.

_____ Debilidad física.

_____ Dificultad para levantarte por las mañanas de la cama.

_____ Pobre concentración.

_____ Pensamientos negativos.

_____ Baja autoestima como nunca.

_____ Irritabilidad.

_____ Falta de esperanza.

_____ Pensamientos de muerte o suicidio.

Si has identificado cinco o más de estos síntomas, es un indicador de que necesitas visitar a un profesional de ayuda para realizar una evaluación. Si reconoces que tienes pensamientos suicidas, debes buscar ayuda con urgencia. Recuerda que no se deben tomar decisiones permanentes ante situaciones de vida o estados de ánimo transitorios.

4. ¿Cuáles son las emociones que se despiertan en tu interior cuando llegan los recuerdos de las experiencias que tuviste con personas que te hirieron?

_____

_____

_____

_____

Ejercicios sobre el perdón

Practica el siguiente ejercicio para completar el proceso de perdonar.

1. Escribe el nombre de la persona que te hizo daño y que consideras que necesitas perdonarle:

   _____

2. ¿Cuáles fueron los daños? Expresa lo que sientes y piensa en lo que ocurrió.

   _____

   _____

   _____

   _____

3. ¿Qué te hubiera gustado decirle a la persona en el momento que sucedieron los hechos?

   _____

   _____

   _____

   _____

4. ¿Qué deseas decirle en estos momentos?

   _____

   _____

   _____

   _____

5. Describe lo que has aprendido a través de esta experiencia.

_____

_____

_____

_____

6. Señala cómo lo vivido te hace hoy una mejor persona.

_____

_____

_____

_____

7. Explica por qué es beneficioso para tu alma el acto de perdonar:

a) _____

_____

_____

_____

b) _____

_____

_____

_____

c) _____

_____

_____

_____

d) _____

_____

_____

_____

e) _____

_____

_____

_____

8. Completa la siguiente declaración:

Hoy _____ (escribe la fecha), encuentro un tesoro, pues perdono a _____ (escribe el nombre de la persona a quien perdonas) y soy libre en el nombre poderoso de Jesús.

Capítulo 2
Débora

Una mujer intrépida que activó la sabiduría

«Gobernaba en aquel tiempo a Israel una mujer, Débora, profetisa, mujer de Lapidot; y acostumbraba sentarse bajo la palmera de Débora, entre Ramá y Bet-el, en el monte de Efraín; y los hijos de Israel subían a ella a juicio».

Jueces 4:4-5

Al escuchar el nombre de Débora, siempre viene a mi mente la palabra «autoridad». Débora fue una de las mujeres más influyentes del Antiguo Testamento. Ejerció diferentes papeles, siendo pionera en la ruptura de estereotipos sobre lo que era aceptado o no para una mujer de su época y dentro del contexto sociocultural al que pertenecía. Una de las formas en que Dios se glorifica a través de nuestras vidas es manifestando que Él escoge a quien quiere, cuando quiere y como quiere.

Desde el principio de la civilización, la mujer no ha tenido nada fácil su acceso al mundo de la religión, al de la política ni a ninguna posición de poder. Sin embargo, Débora fue la primera jueza de la historia. El pueblo de Israel estaba sumergido en crisis morales, de pecado y deterioro en distintos aspectos sociales. Estaba bajo la opresión de sus enemigos y en estado de desaliento.

Cuando los israelitas llegaron a la «tierra prometida», los jueces empezaron a gobernarlos y Débora asumió ese cargo ejerciendo un liderazgo impensable en esos tiempos para una mujer. Aunque ha habido movilidad y transformación sobre esto en nuestros días, lo lamentable es que hay quienes aún no se sienten cómodos por la forma en que Dios escoge a mujeres para el cumplimiento de sus propósitos.

Análisis comparativo de las mujeres a través de los tiempos

En el siguiente cuadro encontramos de manera comparativa la posición de las mujeres en el mundo antiguo y en el moderno, y cómo Débora marcó un hito con la tarea de jueza que le encomendó Dios, a fin de que la desarrollara en el pueblo de Israel.

La mujer en el tiempo antiguo (AT)	Débora	La mujer en el tiempo presente
Excluidas prácticamente de la vida religiosa. La enseñanza de la Palabra de Dios era exclusiva para los hombres, ya que a las mujeres se les consideraba incapaces de interiorizarla y llevarla a la acción.	Débora rompió con estos parámetros impuestos por el hombre. Además, rompió el esquema generacional.	Hoy en día, la mujer se instruye en la Palabra, la expone y hace juicio crítico de la misma. Tenemos mujeres pastoras, profetas, misioneras, maestras, consejeras y que realizan funciones administrativas en juntas eclesiásticas.
Tanto en el templo como en la sinagoga, las mujeres estaban y están separadas de los hombres.	Débora respetó la costumbre impuesta por los hombres de su época de la separación en el templo y en la sinagoga, pero en el exterior se reunía debajo de una palmera a enseñarle la Palabra de Dios a todo el que se lo pidiera. Débora no enmudeció, ni se quedó de brazos cruzados, sino que fue sabia, cumplió con la costumbre, pero era libre de expresarse en el templo más hermoso que hombre alguno no ha podido construir: la naturaleza. Los escenarios naturales son extraordinarios para vivencias sobrenaturales.	Tanto los hombres como las mujeres se unen en un solo cuerpo eclesiástico para aprender de la Palabra y alabar al Dios todopoderoso.

La mujer en el tiempo antiguo (AT)	Débora	La mujer en el tiempo presente
La mujer debía obedecer al varón en todo. Era sometida.	En Jueces 4, Barac le responde a Débora las siguientes palabras: «Si tú fueres conmigo, yo iré; pero si no fueres conmigo, no iré» (v. 8). Sin embargo, qué poder tan hermoso, sublime, decidido y de autoridad había en esta mujer, que le responde a Barac: «Iré contigo; mas no será tuya la gloria de la jornada que emprendes, porque en mano de mujer venderá Jehová a Sísara. Y levantándose Débora, fue con Barac a Cedes».	A la mujer que inspira confianza y verdad en sus acciones y posición ante los demás nunca la humillarán ni menospreciarán, sino que la luz que resplandece en ella se manifestará para el respeto de los demás y de otros hacia ella. Esto sucede en un fluir, sin hacer mayor esfuerzos.

No sabemos a ciencia cierta la edad de Débora ni desde cuándo comenzó a ejercer como jueza en el pueblo de Israel. En cambio, una cosa sí es cierta, que era joven cuando comenzó a gobernar. Es maravilloso ver que no solo Dios utilizó a una mujer en esa época, sino también a una joven. Su posición como jueza en el ejercicio de tal profesión fue de cuarenta años. Se tienen datos que nació en la ciudad de Ramá en el año 1204 a. C. y que murió en el 1144 a. C. Por lo tanto, su tiempo de vida en esta tierra fue de sesenta años. Esto nos indica que, si le restamos a esos sesenta años los cuarenta años de ejercer como jueza en Israel, nos lleva a pensar que comenzó su labor antes de los veinte años de edad.

Características de los jueces en el Antiguo Testamento

Si analizamos las características de los jueces en el mundo antiguo, vemos que Débora no fue menos que los hombres de su época, pues se destacó al desempeñar su tarea con excelencia.

Jueces	Débora
Portadores de un carisma que recibieron como un don de Dios.	Su carisma inspiraba la contemplación de Dios y por eso el pueblo la aceptó como jueza.
Los jueces son salvadores. Su facultad de liberar y dirigir no se basa en la posición social ni en sus méritos personales.	Única mujer jueza en el Antiguo Testamento. Juzgaba al pueblo. Hablaba con los líderes y exponía su pensar en el quehacer espiritual. Barac se sometió a las órdenes de Débora por concluir que así aseguraba la protección divina.
Eran líderes militares.	Débora inspiró a los ejércitos israelitas.
El juez es la persona que resuelve una controversia o que decide el destino de un pueblo.	Hoy en día, son muchas las Déboras que tienen el destino de los pueblos bajo su control, así como el destino de sus hogares bajo sujeción ante el Todopoderoso. Necesitamos más Déboras.
Los jueces vienen a ser caudillos enviados por el Señor para liberar a su pueblo del opresor, devolver la paz y la posesión sobre sus bienes.	Cuán importante es el pasaje de Proverbios 31 en los versículos 9 y 10, cuando habla de la mujer y en específico cuando la exalta con las siguientes palabras: «Abre tu boca, juzga con justicia, y defiende la causa del pobre y del menesteroso. Mujer virtuosa, ¿quién la hallará? Porque su estima sobrepasa largamente a la de las piedras preciosas».

Jueces	Débora
A los líderes principales del pueblo israelita se les llamó jueces.	A Débora la coronaron con el nombre más sublime y hermoso que no se le haya dado a otra mujer en el pueblo israelita: «Madre en Israel» (Jueces 5:7).
Son los responsables de administrar la justicia en la nación. Controlan que se dé cumplimiento de las garantías constitucionales y leyes de la ciudad. Juzgan las conductas imputadas en juicio oral y público. Aprueban soluciones alternativas al juicio acordadas por las partes.	Débora fue recta y parcial en sus decisiones como jueza haciendo valer la justicia terrenal como la divina para el bien de su pueblo. Estaba llena de sabiduría. La virtud de la sabiduría es una característica que continuamente le debemos pedir al Señor a fin de que nos ayude a desarrollarla.

¡Qué interesante sería ver a Débora en acción en su tiempo! Me imagino su proceder ante un muro de hombres que por costumbre no asimilaban ni permitían que una mujer tuviera un grado de poder. Las mujeres no podían opinar en la toma de decisiones, mucho menos participar en los asuntos jurídicos y militares del pueblo. Sin embargo, qué maravilla es contar con el personaje de los personajes, Dios, que da el permiso y te ofrece el trabajo para que lo realices, pues ve en ti la capacidad, el liderazgo, el deseo, la visión, los dones y los talentos que serán de bendición y fruto de prosperidad para tu nación y tu familia. Esa fue Débora, la jueza elegida por Dios, no por los hombres.

El decreto de Dios prevalece siempre

El hombre tuvo que someterse ante Débora por decisión divina. Esto me recuerda a los fariseos en el tiempo de Jesús cuando trajeron ante sus pies a una mujer para ser juzgada. Jesús no permitió que los fariseos juzgaran a la mujer, ya que Jesús mismo le dijo: «Mujer, ¿dónde están los que te acusaban? ¿Ninguno te ha condenado?» (lee Juan 8:10-11), pues cuando Dios está delante de ti no habrá acusador ni barrera que no puedas derrumbar.

Débora nació en una época donde se relegaba a la mujer a un segundo plano y, como resultado, no tenía ninguna ventaja social, política ni religiosa. Sin embargo, en la historia de Débora observamos algo fuera de lo común debido a que Dios es especialista en romper paradigmas humanos para manifestar su poder.

Al parecer, Débora fue una mujer casada. La historia nos dirige a establecer que Lapidot («antorcha», «encendedor de antorchas» o «avivador de llamas») fue su esposo. Su función o labor era hacer los pábilos (mechas que van dentro de las velas) para el templo. No obstante, Débora fue la que se destacó como líder. Cuando Dios desea realizar algo para su propósito, nada ni nadie puede interponerse. Los esquemas, las costumbres, las barreras y las murallas no pueden interferir la obra de nuestro Señor, pues Él es quien determina tanto «el querer como el hacer, por su buena voluntad» (Filipenses 2:13).

La profetisa y jueza Débora es un fiel reflejo del anhelo del corazón de Dios en su época, pero también lo es hoy en día. Débora se colocó frente al escenario que les correspondía a los hombres de su tiempo con autoridad y firmeza de mujer. Esto es valentía, esto es firmeza interna a la hora de tomar decisiones. ¿Sintió miedo? Podría ser que experimentara temor. Aun así, por encima de todo tomó la decisión de ser una mujer emprendedora en los negocios del Padre, nuestro Dios.

¿Qué te parece si tú también te atreves a hacer lo mismo? Aunque tengas cierto grado de temor, ¡hazlo!

Te garantizo que el fruto de la obediencia y de atreverse a seguir la Voz de Dios por encima de la de los hombres es una de las vivencias con las mayores gratificaciones que tendrás jamás. ¡Es algo fabuloso que de seguro te llevará a rebosar de gozo! ¡Soy testigo de esto!

El ejemplo de Débora aplicado a la mujer de hoy

Dios utilizó a Débora de formas extraordinarias. Era una mujer hábil y muy inteligente. Se desempeñó como profetisa, guerrera, mediadora, líder militar, consejera y compositora. Fue la única jueza que pastoreó al pueblo de Dios y guio a Israel a la batalla contra sus enemigos en una atmósfera profética y llena de fe. No en balde la llamaron «madre en Israel». Su liderazgo, sabiduría y empuje son de veras admirables y representa un ejemplo para nosotras para asumir el llamado de Dios con valentía.

Como jueza, Débora administraba justicia, entre Ramá y Bet-el, y ayudaba a la gente con sus diferencias y problemas. Estaba llena del conocimiento de Dios y la guiaba su Espíritu. Procuremos dirigirnos hacia la obediencia y la excelencia. En el espejo de Débora nos podemos mirar, pues hacía bien su trabajo a pesar de los distintos papeles que ejercía. Es más, su vida es la descripción viviente de lo que es ser una mujer virtuosa.

El Señor nos da la fortaleza para llevar a cabo distintas tareas con amor y sin perder el equilibrio. Me he dado cuenta de que para lograr esto hay una serie de elementos que son importantes y que no debemos pasar por alto y son los siguientes:

- La dependencia de Dios.
- Una vida devocional activa.
- Hacer una división asertiva de nuestro tiempo.
- Utilizar una agenda.
- No exigirnos a nosotras mismas cargas que no podemos llevar.
- Hacerlo todo con una actitud de agradecimiento.
- Descansar y hacer actividades recreativas.
- Disfrutar a plenitud cada papel que llevamos a cabo.
- Recordar y vivir el hecho de que somos seres humanos y no máquinas.
- Alejarnos de la idea de que tenemos que ser perfectas.

Como profetisa, Débora podía «ver» los peligros que sucederían en el futuro. Poseía el don de ver más allá y así hacer advertencias para la protección del pueblo. En una ocasión, percibió una grave amenaza para la supervivencia del propio Israel. La jueza Débora se movilizó a toda velocidad y encomendó al militar Barac que reuniera un gran ejército entre las tribus de Israel y le hiciera frente a los cananeos. Sobre todo, profetizó que Dios les daría la victoria. Lo cierto es que hubo cierta incredulidad ante las profecías de Débora. Sin embargo, Dios cumplió absolutamente todo lo que dijo ella.

El Señor siempre se encargará de honrar su palabra y nunca quedarás en vergüenza cuando lo haces todo por obediencia, con amor, examinando tu corazón y por temor a Él. Aun lo que oras en secreto, Dios lo manifestará en honra pública. No hay duda que la jueza Débora lo vivió, pues según la Biblia, en su tierra hubo paz durante los cuarenta años siguientes después de haber ganado la batalla contra sus adversarios.

Lecciones que aprendemos de Débora

¿Cuáles son las lecciones que podemos derivar de Débora como una mujer inteligente, sabia y obediente al llamado de Dios?

1. **Debemos estar seguras de nuestra identidad en Dios**

   Estoy convencida de que a cada una de nosotras nos marcaron con el nombre que nos pusieron al nacer. No creo que sea casualidad el nombre que llevamos y mucho menos su significado. Te pregunto, ¿conoces el significado de tu nombre? El nombre «Débora» significa «abeja». Las abejas son insectos extraordinarios. Una sola abeja puede visitar siete mil flores al día. Más del setenta y cinco por ciento de los cultivos alimenticios del mundo dependen en cierta medida de la polinización. La mayoría de las cosechas no germinarían si no fuera por el trabajo que realizan las abejas, y esto tiene un impacto directo en el género humano. De igual manera, la función de Débora con el pueblo de Israel tuvo una gran trascendencia.

   En el cántico que compuso cuando vencieron a sus enemigos, Débora destaca su identidad espiritual. Identifica la condición de crisis en la que se encontraba el pueblo: «Hasta que yo Débora me levanté, me levanté como madre en Israel» (Jueces 5:7). Cuando leo esta afirmación puedo percibir autoridad y también la convicción que Débora poseía sobre quién era ella. Es importante que cada una de nosotras conozca cuál es nuestra verdadera identidad en Dios.

2. **En la obediencia hay bendición**

   Como mujeres, todas usamos diferentes sombreros y desempeñamos muchos papeles en la vida. Ya sea en nuestros escenarios laborales, nuestras relaciones interpersonales o ministerios, Dios nos llama a ser fieles y obedientes en todas las esferas de la vida y, al hacerlo, vemos como resultado la manifestación de su gloria.

Puedes escuchar la voz del Señor hoy diciéndote: «No te desvíes ni a la derecha ni a la izquierda. Sigue por el camino que te he trazado para que vivas, prosperes en todas las cosas y disfrutes de larga vida en la tierra que vas a poseer» (lee Deuteronomio 5:32-33, NVI®). El Señor siempre te ayudará y te fortalecerá para cumplir con las funciones que te ha asignado. Cumple con tu parte confiadamente y Él se encarga de lo demás. La obediencia también es un acto de fe, y esta nunca queda en vergüenza.

3. **Cuando tenemos convicción de que Dios está con nosotras, no debemos amedrentarnos**

El valor y el impulso de Débora son legendarios. Su seguridad no se basaba en sus habilidades ni en la fuerza del ejército de Israel, sino en su confianza en Dios. Tenía bien claro lo que significa la provisión y la autoridad de aquel que es Todopoderoso. Es más, Sísara y sus muchos carros superaban en gran medida los ejércitos de Israel. Contaban con mayor provisión y fortalezas humanas para vencer. Sin embargo, mientras que Sísara confiaba en el poder de su ejército, Débora confiaba en el poder y la provisión del Dios que no ha perdido una sola batalla.

Saber que Dios no solo estaba para Israel, sino que había ido delante del pueblo, era toda la fuerza que Débora necesitaba para actuar y seguir hacia adelante sostenida en la fe. Cuando tenemos este tipo de seguridad que manifestó Débora, no nos amedrentamos ni echamos un solo pie atrás sobre lo que el Señor nos manda a hacer.

4. **Dios es el único digno de recibir honor y gloria**

Después de su victoria sobre Sísara y los cananeos, Débora hizo lo que Israel no había hecho desde los días de Josué: atribuirle todo el honor y la alabanza al Señor (lee Jueces 5). Junto a Barac reconoció que, sin importar lo que hicieron el pueblo y el ejército, Dios merecía el crédito. Sin el Señor nada podemos hacer y Él es quien merece toda la gloria.

Un vistazo a la gloria de Dios nos arranca de golpe los trofeos en los estantes y las medallas que por ilusión podemos creer que pertenecen a nuestro pecho. Somos instrumentos en sus manos por gracia: «Porque de él, y por él, y para él, son todas las cosas. A él sea la gloria por los siglos. Amén» (Romanos 11:36).

5. **Dios catapulta a los que elige**

¿Qué es ser catapultada? Es ser lanzada con impulso mucho más allá de lo que te puedas imaginar. Ahora bien, sin importar cuán lejos el Señor te lance, es de suma importancia que nunca pierdas la humildad. El propósito del Señor no es buscar estrellas resplandecientes para que las admiren y reconozcan. Estoy convencida de que el Padre celestial prefiere vasos de barro para manifestar lo que Él ha depositado en nuestras manos a fin de que se glorifique su nombre. La humildad en el alma de una sierva de Dios ejerce autoridad y conducirá a la honra.

¿Eres testimonio de que Dios honra a los que Él elige? Débora cantó: «Así perezcan todos tus enemigos, oh Jehová; mas los que te aman, sean como el sol cuando sale en su fuerza» (Jueces 5:31). A ella la catapultaron de tal forma que se le considera una de las mujeres de mayor impacto y reconocimiento del Antiguo Testamento.

La obediencia y los planes de Dios

Ahora, lee el escrito de una muy buena amiga de mi familia. Se trata de una mujer que ha sido obediente a la voz del Señor. Ser obediente, por encima de todo, le ha generado un sinfín de bendiciones. La obediencia atrapa el corazón de Dios. Espero que te sirva de inspiración y motivación. Puedes tener la seguridad de que Dios hace una orquestación perfecta para el cumplimiento de sus planes y nos toma de la mano para darnos dirección.

«Yo podría ser Débora»

Recuerdo estar una tarde de abril frente a una audiencia, lista para la disertación de mi tesis de maestría. Muy feliz y orgullosa de haber hecho un buen trabajo y, luego de recibir una evaluación sobresaliente, le pregunté a una de mis profesoras: «¿Qué se supone que haga ahora?». Después de un período de tres años de estudio, aún sentía la necesidad de continuar en la universidad. Su respuesta fue muy directa: «Aprovecha, toma el examen de admisión para la Escuela de Derecho».

Al llegar a casa, eso fue lo primero que hice, pues hasta compré unos libros para prepararme. Sin embargo, debido a la agenda de trabajo y los asuntos personales, entre otras cosas, todos los días posponía el sentarme a estudiar. Así me sorprendió el día del examen, al cual me presenté confiando en haberle pedido al Señor que se hiciera su voluntad, pues era consciente de que no había hecho lo que me correspondía. A pesar de que no había estudiado nada, entendía que no había vuelta atrás. Ya había pagado por el examen, por lo que entendí que era necesario pasar por la experiencia sin importar el resultado. Tomé el

examen, aunque aún no sé si fue por valentía, deter-
minación o solo para que nadie me contara. Al salir le
di gracias al Señor por haber tenido la oportunidad
de hacer esta locura, pues en ese momento ni siquiera
sabía por qué tomaba ese examen. A decir verdad, en
ese momento no pensaba en estudiar Derecho.

Otro recuerdo que viene a mi memoria es de ha-
ber orado pidiéndole al Señor que me permitiera
tener la oportunidad de trabajar en mi pueblo y ser-
vir a las personas de mi comunidad. Al poco tiempo,
surge la oportunidad de trabajar dirigiendo una or-
ganización de base comunitaria en mi pueblo y sentí
mucha alegría al ver que Dios había contestado mi
petición. Durante esa experiencia, no hubo días en
que no saliera cargada, frustrada y entristecida. La
filosofía del lugar distaba mucho y por mucho de mi
fe cristiana. Le pedí a mi intercesora personal, Titi
Aida, que me ayudara a orar, a fin de que el Señor me
diera la sabiduría para hacer bien mi trabajo y que
fluyera su paz.

Una tarde, Titi me menciona que ese no era el lu-
gar que el Señor quería para mí. No voy a negar que
me sintiera perdida, pues pensaba que estaba viviendo
la respuesta a una petición. Sin embargo, me di cuenta
de que no podía ser el lugar que Dios quería para mí,
pues nunca experimenté su paz. Así que le pedí al Se-
ñor que me diera dirección respecto al lugar que que-
ría para mí, que me señalara la puerta y que le pusiera
bombillitas de Navidad para no equivocarme.

Entonces, recibo una invitación de la Escuela de
Derecho de la Pontificia Universidad Católica en
Ponce para una Casa Abierta. Para mi sorpresa, te-
nía la puntuación necesaria para entrar a la escue-
la, cosa de la que no me había percatado, pues nunca
tuve presente el asunto del examen. Como mencioné,

en mis planes no estaba estudiar Derecho, ni siquiera estudié para el examen. Sin embargo, cuando Dios tiene un plan, se cumple.

En una conversación les comenté a unas amistades la posibilidad de entrar a la Escuela de Derecho, pues no había tomado decisión alguna. De inmediato recibí comentarios alentadores de que me fuera a estudiar, que aprovechara la oportunidad, que era todo un privilegio haber aprobado el examen. Una vez más le presenté el asunto del examen ante el Señor y en esta ocasión digo de manera específica: «Señor, si es tu voluntad, tendría que dejarlo todo para irme a estudiar. Necesitaría mudarme, conseguir vivienda, dejar de trabajar o trabajar en un pueblo del sur de Puerto Rico donde se encuentra la Escuela de Derecho. Si todo se alinea en dirección a lo que necesito, entenderé que tú estás en esto y que me acompañarás en el proceso».

Para la gloria del Señor y para mi sorpresa, así fue. Conseguí un apartamento a menos de cinco minutos de la Universidad. También conseguí trabajo en una oficina de abogados, en la propia Escuela de Derecho y obtuve becas. Además, siempre tuve el apoyo de mi familia en todo sentido, cubierta por sus oraciones y por la paz de Dios, y declarando constantemente el Salmo 37:4: «Deléitate asimismo en Jehová, y él te concederá las peticiones de tu corazón».

No fue fácil hacer la carrera de Derecho, pero confiar y apoyarme en el Señor fue clave para no claudicar. Sobre todo, en el período de estudios para tomar el examen de reválida de modo que me admitieran en la profesión como abogada, hubo un día en el que literalmente le comenté a mi pastora que me sentía como un 8. Ella me dijo que eso era muy *bueno pues el 8 es el número que representa un nuevo comienzo.*

A pesar de mis sentimientos, en fe comencé a declarar sobre mi vida que me acercaba a un nuevo comienzo. Para la gloria de Dios, logré aprobar el examen. Ya como abogada se abrieron puertas y pude establecer mi propia oficina en mi pueblo. El Señor concedió lo que le había pedido de poder trabajar en mi pueblo y bendecir a mi gente. Lo hizo en su tiempo y según su propósito, el cual sobrepasaba mis expectativas.

En mis planes nunca estuvo el de ser abogada. Cuando me preguntaban de niña sobre qué quería ser cuando fuera adulta, contestaba que sería maestra o científica. No cabe duda de que Dios tenía otros planes para mí. Un día, mi padre me comentó que mientras yo era estudiante de bachillerato fui a buscarlo a su trabajo, pero al no encontrarlo, le dejé un mensaje con uno de sus compañeros. Cuando mi padre regresa a su lugar de trabajo, su compañero le dice que su hija lo estaba buscando. Mi padre le pregunta que cuál de sus hijas y su compañero le responde: «Tu hija, la que es abogada». Sí, Dios tiene un propósito asignado para todos. Solo me dejé llevar por el Señor, y confiando y orando alcancé una bendición inesperada.

Dios acomoda cada ficha en su lugar. Hay que ser fuertes y audaces ante lo que el Señor nos envía a hacer. Las críticas, los obstáculos y hasta la persecución podrían levantarse, pero debemos mantener nuestra mirada en el blanco para ser obedientes a lo que nos llamó Dios. La recompensa y el respaldo del Señor al ser obedientes no tiene comparación con nada en este mundo.

Oración

Amado Señor:
Mi corazón se deleita en seguir tu voz. Dame siempre la fortaleza necesaria para obedecerte. Abre todos mis sentidos espirituales para caminar por la ruta que me lleva al cumplimiento de tu perfecta voluntad. Quiero vivir a plenitud todo lo que has preparado para mí. Ayúdame a poner tu Palabra en acción para ser de bendición a los que me rodean. Sé que todas las cosas son posibles a través de ti, y te doy las gracias por manifestar tu poder a través de mí. Todo cuanto hago es para que tu Nombre sea altamente glorificado.
En el nombre poderoso de Jesús, amén.

Afirmaciones

Te invito a que hagas tuyas las siguientes declaraciones:

- Yo soy fuerte y valiente.
- En la obediencia hay bendición.
- Realizo con entusiasmo las tareas del cielo.
- El Señor ya me ha dado la victoria.
- Llevo a cabo mis papeles con amor, compasión y equilibrio.
- Me mantengo con la mirada fija en el cumplimiento de lo que Dios me ha prometido.
- Mi fe va por encima de las opiniones humanas.

Tus propias afirmaciones

_____

_____

_____

_____

_____

_____

Ejercicios

1. ¿A qué te ha llamado el Señor?

_____

_____

_____

_____

2. Identifica si existen obstáculos emocionales o físicos, a fin de cumplir con lo que el Señor ha puesto en tus manos.

_____

_____

_____

_____

3. Enumera cinco pérdidas que tuviste en la vida y, luego, transfórmalas en ganancias.

_____

_____

4. ¿Cuáles son las posibles gratificaciones que obtendrás al cumplir con el llamado de Dios?

5. Reflexiona en este fragmento del glorioso cántico de Débora:

Aquel día cantó Débora con Barac hijo de Abinoam, diciendo:
Por haberse puesto al frente los caudillos en Israel,
Por haberse ofrecido voluntariamente el pueblo,
Load a Jehová.
Oíd, reyes; escuchad, oh príncipes;
Yo cantaré a Jehová,
Cantaré salmos a Jehová, el Dios de Israel.
Cuando saliste de Seir, oh Jehová,
Cuando te marchaste de los campos de Edom,
La tierra tembló, y los cielos destilaron,
Y las nubes gotearon aguas.
Los montes temblaron delante de Jehová,
Aquel Sinaí, delante de Jehová Dios de Israel.
En los días de Samgar hijo de Anat,
En los días de Jael, quedaron abandonados los caminos,
Y los que andaban por las sendas se apartaban
por senderos torcidos.
Las aldeas quedaron abandonadas en Israel, habían decaído,
Hasta que yo Débora me levanté,
Me levanté como madre en Israel.
Jueces 5:1-7

Capítulo 3

Ester

De la orfandad al palacio

«Sucedió, pues, que cuando se divulgó el mandamiento y decreto del rey, y habían reunido a muchas doncellas en Susa residencia real, a cargo de Hegai, Ester también fue llevada a la casa del rey, al cuidado de Hegai guarda de las mujeres».

Ester 2:8

Una de las mujeres de la Biblia con la que muchas se identifican es Ester, la reina de Persia. Cuando hablamos de reinas, nuestro pensamiento automático nos puede llevar a asociarlo con descendientes directos de reyes. Es difícil imaginar todo lo que Ester debió vivir antes de llegar a ser reina. Sin embargo, así son los propósitos de Dios. Cuando Dios tiene un plan, se trascienden los «se supone que sea de esta forma». Él traza una ruta perfecta para el cumplimiento de sus planes, y eso lo vemos en cada una de las mujeres de la Biblia y en nuestras vidas también.

Ester aparece en la Biblia como una mujer que se caracteriza por su fe, valentía, preocupación por los demás, prudencia, autodominio, sabiduría y determinación. Se prestó a cumplir su deber de representar al pueblo judío y alcanzar la salvación. En la tradición judía, se le ve como un instrumento de la voluntad de Dios para evitar la destrucción del pueblo judío, y para proteger y garantizar la paz durante el exilio. Y de manera más precisa, durante el reinado de Asuero.

El rey Asuero

Asuero, el rey persa que poseía 127 provincias que se extendían desde la India hasta Etiopía, disfrutaba haciendo demostraciones públicas de su riqueza y poder. Entre estas demostraciones estaban las fiestas que a veces duraban hasta 180 días. En una de esas fiestas, el rey pidió que su esposa, la reina Vasti, viniera ataviada con sus vestidos reales y su corona, a fin de que se mostrara delante de todos los gobernadores y príncipes para que alabaran su gran belleza. Lo que se ha interpretado es que lo que pretendía el rey Asuero era que Vasti apareciera llevando puesta solo la corona ante hombres embriagados. Al rechazar la petición del rey, este se enfureció mucho, pues en la posición en la que se encontraba era casi imposible que alguien le llevara la contraria.

De inmediato, el rey Asuero consultó a sus asesores en la ley, quienes declararon que Vasti había ofendido al rey. Por lo tanto, temían que las mujeres de Persia se enteraran de la negativa de Vasti de obedecer a su esposo y esto podría provocar, según su opinión, que comenzaran a despreciar a sus propios maridos o a desobedecerlos. Así que le aconsejaron al rey que emitiera un decreto en toda la tierra para que Vasti nunca más pudiera entrar en su presencia (lee Ester 1:10-11).

El rey se quedó sin reina. Los ayudantes del rey Asuero le sugirieron que realizara una búsqueda de hermosas vírgenes en toda la tierra para encontrar una nueva reina. Esas mujeres tenían que someterse a un año de preparación y de tratamientos de belleza antes de su encuentro con el rey.

A la protagonista de este capítulo, una judía cuyo nombre hebreo era Hadasa, la eligieron como una de las vírgenes. El significado de su nombre es «ocultar». Lo interesante es que Ester tuvo que ocultar su verdadera identidad. Vivía en Susa, que era la misma ciudadela donde radicaba el rey.

Sacada de su entorno y de todo lo que le era conocido para ser llevada al harén del rey, un hombre al que ni siquiera conocía y mucho menos amaba. Se trataba de Asuero, cuyo imperio era enorme; de hecho, fue el más grande que el mundo haya visto. Persia abarcó el área conocida ahora como Turquía, así como Irak, Irán, Pakistán, Jordania, el Líbano e Israel.

Ester y Mardoqueo

Desde muy temprana edad, Ester se quedó sin padre y madre. En otras palabras, era huérfana. Por lo tanto, su primo Mardoqueo la adoptó y la cuidó como su propia hija. Se considera huérfano a quien la muerte le priva de tener uno o ambos padres. Desde el punto de vista psicológico, hay una tendencia a que las personas que crecen huérfanas se les generen alguna crisis de identidad. Encima de esto, a Ester la criaron como judía, pero la forzaron a vivir como persa.

Hay quienes son huérfanos físicos, pero otros pueden ser huérfanos emocionales. Estos pueden tener una sensación de soledad al saber que no pueden contar con sus padres. No tienen un sentido de pertenencia y seguridad, por lo que pueden tratar de llenar sus espacios vacíos del alma con personas que no les convienen. La presencia de los padres en los hijos es fundamental para su desarrollo y para proporcionarles medios afectivos y sociales que le ayudarán en el futuro. Sin embargo, en muchas ocasiones hay padres que se encuentran vivos, pero están criando huérfanos emocionales. De alguna forma, ¿puedes identificarte con esto?

El hecho de que su primo Mardoqueo cuidara a Ester es una demostración de que Dios siempre va a buscar la forma de rodearnos de personas que tendrán una posición muy importante en nuestras vidas para brindarnos seguridad y protección, pues nunca nos deja desamparadas. Sin importar nuestras circunstancias, Dios enviará personas a socorrernos, debido a que es una de las formas en que nos demuestra su gran amor y providencia.

Por otra parte, Mardoqueo tenía una clase de posición oficial dentro del gobierno persa, así que cuando a Ester la eligieron como candidata para ser reina, le dio instrucciones de no revelar su origen judío y la visitaba todos los días al harén del rey.

Importancia de la figura paterna

Un punto importante ante la situación de Ester, por haber quedado huérfana, es que la imagen paterna es importante en el círculo familiar, tanto de los judíos como de las familias del mundo entero. A través de mi vida profesional y ministerial me he percatado que la figura paterna suele proveer estabilidad, seguridad y tiene una función clave en el desarrollo de la identidad y la personalidad.

La figura paterna también suele asociarse a la internalización de las normas, lo que facilita el proceso de integración en la sociedad. Como resultado de múltiples investigaciones, ya se sabe que la ausencia de la figura paterna puede provocar dificultades en las relaciones interpersonales y para adquirir una visión del mundo más integrada. Por esto es que cuando llegan a mi oficina madres preocupadas debido a que sus hijos no tienen la figura paterna presente, les recomiendo que se desarrollen relaciones afectivas con otras figuras masculinas adultas de confianza, seguras y cercanas. Esta función podría hacerla un abuelo, tío, primo, amigo o cualquier otro varón que les brinde estabilidad, protección, tiempo y apoyo. Esto fue con exactitud lo que hizo Dios con Ester al darle a su primo Mardoqueo como cuidador.

Entre los judíos, la imagen paterna se relacionaba, y se relaciona, con Dios. Es interesante que Dios no le dejara a Ester una tía, prima o una mujer, sino que su primo Mardoqueo la adoptó como hija; es decir, Dios le proveyó una figura paterna a Ester, la reina que se lo jugó todo para salvar a su pueblo.

Aquí se puede observar una correlación entre lo que forma en la mujer el tener una buena figura paterna y el carácter de una mujer. Mardoqueo, siervo del Todopoderoso, fue quien inculcó en Ester todas las características y atributos mencionados. Los judíos fomentaban, y lo hacen aún, la relación entre el padre y los hijos a través del estudio y el contacto con las tradiciones. Al final, el padre y la madre son los que hacen posible que los hijos puedan adquirir las destrezas de vida para desarrollar el carácter de Dios.

La orfandad física o emocional

La orfandad física o emocional puede acarrear distintas experiencias psicológicas que te presento a continuación:

- **Soledad:** Es un sentimiento y no un estado. Cuando hay sentimientos de orfandad, pueden estar rodeadas de otros y tienen el sentimiento de soledad en forma de vacío. La persona con la que has pasado más tiempo y con la que pasarás el resto de tu vida es contigo. Por eso es la relación más importante a cuidar en este mundo. ¡Disfruta de estar en compañía de ti misma!
- **Temor al abandono:** He observado en mis pacientes que le temen a que les abandonen, en su mayoría sufrieron el abandono, ya sea de manera voluntaria o involuntaria, de sus padres. Muchas pueden considerar que no merecen ser amadas. Hasta pueden considerar que no son lo bastante importantes para los demás.
- **Sentimientos de rechazo:** Estos sentimientos suelen estar asociados a una herida emocional profunda. Así que la persona puede tener una de dos reacciones psicológicas: huir de los demás o complacer a todo el mundo como una garantía de

que no le abandonen. Como resultado, la tendencia es a sentirse siempre devaluada.

- **Pobre autoestima:** Tienes el derecho de amarte y valorarte. Puede que estemos demasiado orientadas «hacia afuera» en una búsqueda de la aprobación de los demás, que nos perdamos el valioso tiempo de gustarnos a nosotras mismas, de activar el propósito por el que nos crearon. Eres una joya preciosa y la máxima creación de Dios.

- **Desesperanza:** Este es el sentimiento de no encontrar alternativas de solución ante una determinada situación. Por lo general, viene acompañada de la ausencia de sentimientos de trascendencia. Casi siempre es el resultado de la inestabilidad y falta de seguridad.

- **Pensamientos sobre la muerte:** Temor recurrente e irracional a que las personas que son importantes para mí pueden morir, o que yo misma enferme de algo catastrófico y muera.

Dios tiene el poder para sanar todas estas emociones. En el Señor puede llenarse cualquier vacío que tenga el alma y satisfacer nuestras carencias afectivas. ¡Qué bueno es que cuentes con su amor! Ese extraordinario amor está dispuesto y disponible para liberarte, protegerte, reconstruirte sostenerte, levantarte y hacer todo nuevo. La motivación de su amor eres tú. El Señor te valora inmensamente.

El amor de Dios

La Biblia dice que Dios nos ama y nos adoptó por medio de Jesucristo como sus propias hijas. Su objetivo principal es amarte. No es debido a nada que hagamos para ganar o merecer su amor. Puede parecernos poco racional que Dios nos ame de esa forma y que cubra nuestras necesidades emocionales, pero esta es la realidad descubierta y experimentada por millones de personas. Tú tal vez seas de esas personas que lo ha vivido y puede testificarlo. Es glorioso que Él no tiene que ser razonable. Es un amor sin fin.

¿No te parece extraordinario el hecho de que el amor de Dios sea uno sin reservas? Las circunstancias de nuestra vida pueden cambiar, pero en su amor no hay variación. Te invito a que confíes plenamente en su amor, pues la Palabra así lo afirma:

El gran amor del Señor nunca se acaba, y su compasión jamás se agota. (Lamentaciones 3:22, NVI®)

El deseo del corazón de Dios es que te sientas segura en Él. Tal vez, por las experiencias que has atravesado en la vida, no hayas podido disfrutar de seguridad emocional. En el caso de Ester fue la orfandad, tus circunstancias emocionales pueden ser otras. Sean las que sean, Dios te espera con los brazos abiertos y te va a atraer con cuerdas de amor (lee Oseas 11:4). ¡Qué maravilloso es que Él nos acerque de esa forma! Deja que el amor de Dios te envuelva. Te mostrará que nunca te deja y que no estás sola.

Ester, a pesar de tener a Mardoqueo en su vida, pudo haber sufrido el dolor de la orfandad. Su identidad era de huérfana, pero Dios la diseñó para ser reina. Si te identificas con ella, en este sentido hay algo muy importante que deseo destacarte: Tú no eres lo que las experiencias de la vida te han hecho sentir o creer sobre quién eres. Dios te diseñó y te concedió tu identidad. Él es tu creador y determinó la persona que eres. Esto es importante que lo creas, pues de lo contrario tu vida podría parecerte intrascendente y carente de significado. Mira lo que dice el Salmo 139:

Tú creaste mis entrañas; me formaste en el vientre de mi madre. ¡Te alabo porque soy una creación admirable! ¡Tus obras son maravillosas, y esto lo sé muy bien! (Salmo 139:13-14, NVI®)

La Biblia es la referencia más precisa en la que Dios revela cuál es nuestra verdadera identidad. ¿Qué te ha dicho Dios acerca de quién eres? Repite, por favor, estos «Yo soy»:

- «Hija de Dios»
- «Embajadora de Cristo»
- «Amada»
- «Creación perfecta»
- «Escogida»
- «Bendecida con toda bendición»
- «Sellada para gloria»
- «Vencedora en Cristo»
- «La niña de los ojos de Dios»
- «Linaje escogido»
- «Libre en Cristo»
- «Perdonada»

Mi oración por ti es que recibas sanidad emocional y la liberación que mereces como hija amada de Dios. El conocimiento de tu verdadera identidad y de tu posición adecuada en Dios conduce a deshacerte de los sentimientos de derrota, inseguridad, desesperanza, desánimo y desaliento. Te elevarán y Dios llevará tu vida a otro nivel como lo hizo con Ester. Creo con todas mis fuerzas que lo lograrás.

La verdadera sumisión

El concepto de «estar sumisa» significa ser dócil, obediente, no es ser esclava de alguien. La docilidad no es sinónimo de debilidad, sino de dominio propio, de manifestar paz, amor y comprensión. En cuanto a la palabra «obediente» podemos decir que es la esencia en una persona para poder escuchar, aprender y luego manifestar lo aprendido para beneficio propio o de otros.

Siempre hay controversia en la mente de las mujeres por esta palabra: «Sumisa». Lo que creo es que, culturalmente, se le ha dado una connotación negativa. Sin embargo, considero que la sumisión no es «callar y obedecer», sino que tiene que ver más con una verdadera actitud de honra y respeto. Honrar y respetar no es algo negativo, sino que la honra y el respeto siempre tienen un resultado muy positivo y de alto impacto en la vida de quien recibe ese trato.

Por otra parte, la sumisión no significa estar de acuerdo en todo. La sumisión no significa que tengas que opinar lo mismo que tu esposo u otras personas, ni siquiera sobre lo más fundamental. Dios te creó con mente propia, por eso la sumisión no significa vivir ni actuar basada en el miedo. Empodérate, mujer, en el respeto y crecimiento como mujer de valor.

La historia continúa

Mientras tanto, el rey Asuero ascendió de posición a un hombre llamado Amán. Este era un hombre que despreciaba al pueblo israelita. La discriminación y el prejuicio en contra de Israel estaban profundamente arraigados en el corazón entenebrecido de Amán. En su arrogancia, Amán ordenó que todos los siervos del rey que estaban a la puerta del palacio se arrodillaran y se inclinaran ante él. Allí estaba Mardoqueo, por supuesto, quien se negó a hacerlo. Los siervos del rey denunciaron a Mardoqueo con Amán y se aseguraron de decirle que era judío:

[Amán] *tuvo en poco poner mano en Mardoqueo solamente, pues ya le habían declarado cuál era el pueblo de Mardoqueo; y procuró Amán destruir a todos los judíos que había en el reino de Asuero, al pueblo de Mardoqueo.* (Ester 3:6)

Entonces, el rey Asuero le permitió a Amán hacer lo que quisiera al respecto. Así que se emitió un decreto a todas las provincias que en un día determinado, que se eligió echando suertes, con la orden de «destruir, matar y exterminar a todos los judíos, jóvenes y ancianos, niños y mujeres, en un mismo día». El pueblo estaba conmovido, y hubo gran luto entre los judíos (Ester 3:13-15; 4:3). Históricamente, al pueblo de Dios lo han perseguido y maltratado, pero Dios siempre los ha cuidado.

La reina Ester no sabía del complot contra los judíos, aunque lo descubrió cuando sus doncellas y los eunucos le dijeron que Mardoqueo estaba en una situación difícil. Ester le envió un mensajero a Mardoqueo para averiguar lo que estaba pasando. Su primo Mardoqueo le mandó una copia del edicto y le pidió que fuera «ante el rey a suplicarle y a interceder delante de él por su pueblo» (Ester 4:8).

Ahora bien, en el reino de Persia había una ley que prohibía la entrada a la presencia del rey sin que le llamaran, y hacía treinta días que el rey no invitaba a Ester para que se presentara ante él. A través de su intermediario, Ester le informó a Mardoqueo su aparente incapacidad para ayudar. Él respondió:

No pienses que escaparás en la casa del rey más que cualquier otro judío. Porque si callas absolutamente en este tiempo, respiro y liberación vendrá de alguna otra parte para los judíos; mas tú y la casa de tu padre pereceréis. ¿Y quién sabe si para esta hora has llegado al reino? (Ester 4:13-14)

En una gran muestra de fe, Ester estuvo de acuerdo. Así que le pidió a Mardoqueo que reuniera a los judíos que vivían en Susa, a fin de que ayunaran por ella durante tres días, mientras que ella, junto a sus doncellas, ayunaría también. Estas fueron sus palabras:

Ve y reúne a todos los judíos que se hallan en Susa, y ayunad por mí, y no comáis ni bebáis en tres días, noche y día; yo también con mis doncellas ayunaré igualmente, y entonces entraré a ver al rey, aunque no sea conforme a la ley; y si perezco, que perezca. Entonces Mardoqueo fue, e hizo conforme a todo lo que le mandó Ester. (Ester 4:16-17)

La acción de Ester demostró su madurez y sabiduría al declarar un ayuno. Sabía que esta situación estaba fuera de su control y que la liberación de su pueblo sucedería únicamente con un rompimiento espiritual y una estrategia divina. ¿Qué mayores estrategias que la oración y el ayuno?

Una de las maneras en que podemos escuchar la voz de Dios con claridad es a través del ayuno y de la oración. Se puede decir que es una disciplina que nos ayuda a centrar nuestro corazón, a desconectarnos de lo natural, a fin de conectarnos con lo sobrenatural. El ayuno y la oración son excelentes estrategias, pero también son disciplinas espirituales que necesitamos incorporar a nuestra vida de modo que sepamos discernir cuándo es tiempo de someter nuestra carne al espíritu. La vida devocional es del agrado de Dios. Entonces, ¿cómo te evalúas a ti misma en la práctica de estas disciplinas espirituales?

Ester convocó un ayuno entre todas las personas que se encontraban bajo su esfera de influencia. Sabía a la perfección que Dios le extendería su gracia a cambio de la humildad. Puede ser que tú, al igual que Ester, conozcas el poder del acuerdo y de la unidad. Dios atiende a quienes confían en Él. Por lo tanto, Ester esperó por tres días en la presencia de Dios para que le revelara el mejor plan a seguir. No hay una mejor voz que podamos escuchar en medio de las crisis y las tormentas de la vida que la voz de Dios.

Convocar un ayuno por tres días implicaba que durante ese período Ester también esperaría ante el Señor en oración. A veces esto es difícil por los mensajes que nos pueden lanzar a nuestra mente. En cambio, si nuestro corazón está confiado en el Señor, veremos frente a nuestros ojos que lo imposible se hace posible. Ese es el propósito del ayuno. Los judíos ayunaban por asuntos espirituales y le dedicaban un tiempo prolongado a la oración, y Ester lo aprendió así.

La importancia de la oración y el ayuno

La oración y el ayuno son armas espirituales muy poderosas y te invito a que las uses siempre. Amada mujer, para este tiempo turbulento en el que vivimos hay un mensaje contundente para las hijas de Dios: «Busquen el rostro del Señor. Sumérjanse en la oración. No se aparten de su primer amor. Solo así se podrá resistir y vencer. Únicamente en Jesús es donde debe estar puesta la totalidad de nuestra esperanza». Cristo dijo:

*Velad, pues, en todo tiempo orando que seáis tenidos
por dignos de escapar de todas estas cosas que vendrán, y de estar en pie delante del Hijo del Hombre.*
(Lucas 21:36)

Jesús enseñó a orar a sus discípulos para que no
cayeran en tentación (ver Mateo 6:13). En los tiempos
duros y complejos que vivimos, la oración es un fundamento para refrescar el alma entre tanta tierra árida.
Sin duda, la reina Ester tenía muy claro lo que provee la
oración. Veamos:

- **Es una fuente de esperanza.** Orar es lo único
  que se puede hacer cuando ya no se puede hacer
  más. La mayoría de las situaciones están fuera
  de nuestro control, pero en la oración sabemos
  que Dios sí lo tiene. Es un vehículo para ver milagros y portentos. Ofrece consuelo al que ora y
  a aquel por quien se ora.
- **Es una fuente de fortaleza.** Nunca orar es inútil,
  pues siempre conforta. Es la fuente que trasforma
  el lamento en un gozo inexplicable.
- **Es una fuente de consuelo.** Orar es la aceptación
  de nuestras limitaciones. Es aprender a resignarse cuando lo que pudo ser no ha sido. Consiste
  en vivir sin rencor, aceptar las derrotas de la vida
  con dignidad y celebrar el triunfo con humildad.
- **Es una fuente de ayuda.** Es buscar y adquirir las
  fuerzas si no se tienen, y confiar en que las cosas
  son como deberían ser.
- **Es una fuente de socorro.** Conectarse con la
  presencia del Señor es optimismo, no dar nada
  por perdido, luchar y resistir. Es conectarnos con
  nuestra vulnerabilidad, mientras que a la misma
  vez renovamos nuestro interior.

- **Es una fuente que renueva la fe.** El tiempo de oración es una experiencia de fe, y sin fe es imposible agradar a Dios (ver Hebreos 11:6).
- **Es una fuente de paz.** Orar es desconectar y contemplar. Introspección en la sociedad del exhibicionismo. Relajarse y calmar los nervios. Es razonar, aunque parezca lo más irracional que haya.
- **Es una fuente de descanso.** Planificar y anticipar las jugadas. Abstracción en los tiempos de lo concreto y lo material. Es pausa en un mundo excitado. Es calma cuando todo es ansiedad.
- **Es una fuente de vida.** Sin oración viviremos como «fracasadas espirituales». La oración es un asunto profundo. Debemos anhelarla y activarla. La vida del creyente es diferente por completo sin oración a lo que es una con oración continua y consciente.
- **Es una fuente de promesas.** La oración es un vehículo para conectarnos con las promesas que el Padre celestial nos ha dado. Es una vivencia totalmente extraordinaria recordarle al Señor en oración lo que Él nos ha dicho.
- **Es una fuente de gozo.** Orar es un placer oculto que se reserva para la intimidad. Un acto privado, casi a escondidas. Es un tiempo para escuchar la voz de Dios y dejar que el Espíritu Santo haga sus funciones en nuestra alma.
- **Es una fuente de ayuda.** Es un superpoder que nos predispone al bien, sin importar las circunstancias externas.

Cuando la vida espiritual del creyente se enfría, casi siempre se debe al deterioro de la oración diaria e íntima. Si tienes un hábito de oración activo, conoces muy bien cada uno de sus beneficios. Si aún no has entrado en esta gloriosa disciplina o te has alejado de ella, te invito a que te sumerjas en sus gloriosas aguas. Triunfarás en la fe y mantendrás viva la esperanza. ¡Tendrás las mejores experiencias de tu vida! Y, tal y como le ocurrió a Ester, serás testigo de la manifestación de la gloria de Dios. El Evangelio de Marcos afirma lo siguiente:

Les aseguro que, si tienen confianza y no dudan del poder de Dios, todo lo que pidan en sus oraciones sucederá». (Marcos 11:24, TLA)

La oración se vuelve más victoriosa cuando la acompaña el ayuno. La historia de Ester es un testimonio vivo de que ayunar trae bendición. Recordemos que Cristo utilizó el ayuno para vencer y debemos imitar a nuestro Señor en todo. El ayuno disciplina el alma y rompe ataduras satánicas. Nos da autoridad y poder para reprender demonios. El ayuno es un recurso para obtener victorias. El ayuno y la oración son necesarios para la consagración y madurez de los creyentes.

Estoy segura de que el ayuno y la oración fueron las llaves principales que libertaron a Ester. Así es que podemos explicar el cambio de actitud en ella tan repentino. Pasó de un sentimiento de minusvalía y de una profunda desesperación, a una actitud determinada y decidida. Fue una metamorfosis interesante: de la pasividad al liderazgo. Durante su tiempo de ayuno, Ester se conectó con Dios y también con ella misma al comprender las razones de para qué se convirtió en reina. Sin duda, ¡la presencia del Señor y las revelaciones que recibimos en ella nos llenan de autoridad!

La obediencia da la victoria

Ester entendió que tenía una misión y la capacidad de cambiar su realidad y la de su pueblo. En lugar de adoptar una actitud pasiva de sufrimiento, se vistió de valentía. Ester llegó a convertirse en reina con el propósito de proteger y bendecir a su pueblo. La misión dada por Dios a su vida y poner su fe en acción le dieron forma a su carácter para vencer. Cuando Ester se acercó al rey, arriesgaba literalmente su vida. Ester, aunque estaba rompiendo con todos los protocolos, no lo hacía con una actitud altanera, sino que dentro del rompimiento de las reglas establecidas en el reino, y aun sabiendo que el Dios de Israel estaba a su lado, no usó eso como su estrategia. Es más, sabiendo que el cielo estaba con ella, mantuvo una actitud de honra y respeto hacia el rey. Aunque todo atentaba contra su vida, al ser obediente conquistó su vida, la vida de sus compatriotas, los judíos, y conquistó a Dios al ponerla en una posición de honra que, hasta el día de hoy, su historia infunde aliento.

En la cultura actual enseñan lo opuesto. Afirman que honrar y respetar las figuras de autoridad es, en esencia, denigrarse. Sin embargo, Ester muestra todo lo contrario. Era la reina y en ningún momento usó su título para engrandecerse; podía exigir, pero en ningún momento usó su autoridad para hacer valer un título. El rey pudo percibir algo diferente en Ester, no sabía qué era, pero le atraía la hermosura de Ester. Por supuesto, lo que no sabía el rey era que Ester tenía la esencia de Dios, el conocimiento de Dios, y Él moraba en ella.

Ester estaba llena de Dios, así que honrar y respetar a su rey era algo natural. Quizá fuera esto lo que conquistara de inmediato el corazón del rey. Por lo tanto, Ester «obtuvo gracia ante sus ojos; y el rey extendió a Ester el cetro de oro que tenía en la mano», una señal que representaba que aceptaba su presencia (Ester 5:2).

Ese día, Ester invitó a Asuero y Amán a un banquete. El rey llamó a Amán y vinieron al banquete donde le preguntó a Ester cuál era su petición, «aunque sea la mitad del reino» (versículo 6). Ester invitó a los dos hombres para que asistieran a otro banquete al día siguiente en el que presentaría su petición (versículo 8). Los hombres aceptaron.

Esa noche, Asuero tenía dificultad para dormir y ordenó que le trajesen el libro de las memorias y crónicas, y que las leyeran en su presencia. Lo sorprendente fue que el relato que escuchó fue cuando Mardoqueo descubrió el plan para matarlo y que gracias a eso se salvó la vida del rey. Entretanto, Amán regresó a su casa, reunió a sus amigos y esposa, y les contó cómo lo honraron. Sin embargo, como había visto a Mardoqueo por el camino, esto desalentó su espíritu. Su esposa y sus amigos le sugirieron que construyera una horca para colgar a Mardoqueo (Ester 5:9-14). Amán siguió su consejo y mandó a preparar la horca. Dios permite cosas como estas para manifestar su justicia. Lo cierto es que en la misma horca que Amán preparó para colgar a Mardoqueo, lo colgaron a él.

Es fundamental entender que todo lo que deseas y planificas para otro, te puede ocurrir a ti y a los tuyos. La ley de la siembra y la cosecha es muy real. Por eso es necesario bendecir en todo tiempo y mantenernos lejos de la falta de perdón, la ira, la envidia, los celos, los resentimientos y los deseos de que a otros les vaya mal. Le agradezco al Señor haber vivido la experiencia de que cuando tramaron el mal para mí, todo resultó absolutamente a mi favor. Debemos tener temor de Dios y vivir en el principio que está establecido en la Palabra:

No seas vencido de lo malo, sino vence con el bien el mal. (Romanos 12:21)

Cuando Ester declara que Mardoqueo fue la persona que la cuidó a lo largo de su vida, el rey le da el trabajo de Amán. Después que Amán murió, Asuero le dio a Ester la casa de Amán y a Mardoqueo le dio su anillo de sello, dándole la misma autoridad en el reino que tuvo antes Amán. Sin embargo, el decreto que salió de Amán era irrevocable. Así que Ester volvió a interceder ante el rey para que interviniera. Asuero ordenó que se escribiera otro decreto para contrarrestar el primero: Este decreto les dio a los judíos el derecho a defenderse contra cualquiera que los amenazara. Algunos enemigos atacaron en el día señalado, pero los judíos tuvieron la victoria sobre ellos y Ester fue el instrumento de Dios para lograr esto (lee Ester 8).

La soberanía de Dios

La reina Ester confió en Dios sirviendo con humildad y total dependencia del Señor, sin importar lo que podría costarle. Fue leal y obediente, y esto siempre tiene grandes recompensas. Sin duda alguna, Ester es un recordatorio de la promesa de Dios, tal como está escrito en este pasaje:

Y sabemos que a los que aman a Dios, todas las cosas les ayudan a bien, esto es, a los que conforme a su propósito son llamados. (Romanos 8:28)

Hubo un momento crucial en la historia de Ester y fue cuando superó su pasado y en su presente manifestó los propósitos perfectos de Dios. De la misma manera, hay una gracia que se les concede a las mujeres para que reciban sanidad, libertad, restauración, influencia, cumplan su propósito y extiendan el reino de Dios. ¡Esto es muy poderoso!

Una mujer conectada con su propósito, que refleja el carácter del Padre, se le delega el poder que opera desde el cielo para libertar. Cuando tú, mujer, te centras en entender tu posición ante Dios, ya no eres una mujer singular, simple, una más entre muchas, no, eres una mujer llena del poder de Dios, del conocimiento de Dios, de la gracia de Dios y de todas las virtudes que Dios tiene para ti. Es una gran responsabilidad tener mentes sanas y libres para reflejar el carácter de Jesús y extender su reino en la tierra. Solo a la mujer se le llama virtuosa:

> *Mujer virtuosa, ¿quién la hallará? Porque su estima sobrepasa largamente a la de las piedras preciosas.* (Proverbios 31:10)

Tu valía ante los ojos de Dios y ante su presencia es relevante y de aceptación. Sigue hacia adelante y no te detengas por nada... ¡y menos por nadie! No permitas quedarte en el estancamiento. Tu corona, como reina que eres, ya la tienes puesta. ¡Mujer, hazle honor a tu corona!

No dudo de que muchas de las Ester de hoy en día han estado en lugares oscuros e inciertos. Han tenido que superar grandes retos en la vida. Han tenido que perdonar y superar lo que perdonaron. Aun así, te acompaño también a creer que habrá un «de repente» y Dios te moverá de tu zona de comodidad. Te catapultarán de una falsa identidad hasta el palacio del rey.

La vida de Ester es una lección sobre la soberanía de Dios. Nuestro gran Señor obra en cada aspecto de la vida para posicionar a las personas y situaciones en su plan y propósito. Puede que no sepamos lo que Dios está haciendo en un momento determinado, pero vendrá un tiempo cuando nos daremos cuenta de por qué hemos pasado ciertas experiencias, conocido determinadas personas, vivido en ciertos lugares y pasado por diferentes pérdidas. Llegará el momento en que todo encajará. Entonces, al mirar hacia atrás, veremos que nosotras también estábamos en el lugar adecuado, en el momento preciso, así como sucedió con Ester.

Veamos la historia de una mujer que se identifica con Ester en cuanto al sentimiento de orfandad y de cómo su vida se transformó de maneras extraordinarias, tal y como te puede suceder a ti.

La soberanía de Dios

Al igual que Ester, viví como huérfana, no porque murieran mis padres, sino porque mis padres se divorciaron cuando yo tenía ocho años de edad. Esto, en consecuencia, trajo muchas pérdidas a mi vida. Como Ester tuve que salir de mi entorno, de todo lo que me era conocido. Perdí a mi familia, mi padre, mi hogar, mi seguridad, mi habitación, mi cama, mis juguetes. Luego del divorcio, mi padre nos veía una vez cada dos semanas. En el proceso del divorcio mi padre se convierte a Cristo y nos llevaba a la iglesia cada vez que nos buscaba. Yo me convierto a los once años de edad aproximadamente. Más adelante, mi padre se casa y forma una nueva familia y se muda fuera de Puerto Rico. Por este motivo, perdí todo contacto con él.

Mi madre tuvo que trabajar duro. Tenía dos trabajos, por lo que salía desde las siete de la mañana y regresaba a las nueve de la noche. Prácticamente estábamos solas la mayor parte del tiempo mi hermana menor y yo. Mi mamá no fue cariñosa. Nunca recibí un abrazo suyo, ni tampoco un «te amo» ni un «te quiero». Mi mamá jamás tuvo palabras de afirmación para mí. Siempre me decía «bruta», «eres una inútil», «no sabes hacer nada bien», «te pareces a tu padre que no sirve para nada». Me decía palabras soeces, insultos muy feos, cosas que me hicieron sentir indigna, insegura y temerosa, cosas que no me permitían tener una identidad saludable. ¡Viví como una huérfana! ¡Sin identidad! ¡Sin amor propio!

Cuando llegó Jesús a mi vida, comenzó a tratar con mi corazón de huérfana. Me mostró que había vivido huérfana de padre y madre por la falta de amor, afirmación, cuidados, seguridad y todo lo que los hijos deben recibir de sus padres. Entonces, el amor de Dios fue llenando mi corazón con su corazón de Padre, y su amor cubrió mi corazón de hija llenando mi corazón con el amor que una hija necesita de su madre y de su padre. Por eso digo que el Señor es mi Padre y mi Madre. Dios comenzó a mostrarme en su Palabra quién era yo para Él. Su Espíritu Santo me tocó, sanó y restauró de tal manera que recibí esas palabras como un bálsamo. A decir verdad, ese día el Espíritu Santo comenzó a sanar mi corazón y a restaurar mi vida.

Un día, en el año 2009, nos estábamos preparando para salir de paseo junto a mi esposo y nuestros nueve hijos. Una de nuestras hijas entró a la habitación, creo que ya estaba peleando. En realidad, no recuerdo qué me hizo enojar tanto, pero lo que sí recuerdo es que tiré con mucha ira la puerta de mi habitación, dije malas palabras y maldije.

En ese entonces estábamos comenzando en la iglesia, tal vez llevaba meses, no lo recuerdo con exactitud, pero jamás olvidaré el trato del Señor, pues al tirar la puerta, seguí hacia el espejo a continuar maquillándome. Sin embargo, al mirarme al espejo, no me vi yo, sino la cara de mi madre. ¡Literalmente era su cara! ¡Me asusté muchísimo! Me entristecí y comencé a llorar. Le dije a Dios: «Señor, yo no quiero parecerme a mi mamá, no quiero lastimar más a mis hijos, no quiero gritarles, ni herirlos». Me arrodillé y sentí el abrazo de Dios. Desde ese día comenzó una transformación en mi vida. Le pedí perdón a cada uno de mis hijos, comencé a tratarlos con respeto y dignidad, dejé de decir malas palabras. Dios me había abierto los ojos, pues no había reconocido que actuaba y repetía erróneamente lo que viví en mi niñez junto a mi madre. Este proceso de sanidad duró un tiempo y reconozco que fue muy doloroso, pero necesario para perdonar y sanar. El Espíritu Santo fue tratando conmigo poco a poco en algunos aspectos, mientras que en otros lo hizo con rapidez. Pude perdonar a mi padre, quien es pastor, y hoy tengo una relación extraordinaria con él, con su esposa y mi hermana menor, fruto de ese matrimonio y del que tengo cuatro sobrinos hermosos... ¡son parte de mi familia! Además, pude perdonar y restaurar mi relación con mi madre, aunque al principio su carácter me mantenía alejada. Luego vi cómo por medio de la oración pude acercarme cada vez más. Aunque su trato hacia mí era igual, el mío hacia ella Dios lo había transformado, pues tenía amor, respeto, honra y sé que eso vino de parte de Dios.

Tú puedes ser una Ester del presente con todos los atributos que mostró. Tienes a favor tuyo al Padre de los padres, Dios, quien te forma, te edifica, te modifica, te da fuerzas, te da sabiduría y te dirige a la magnificencia de estar ante su Trono de Gracia.

Oración

Amado Dios:
Te doy las gracias por la inagotable fuente de tu amor. Permite que el fuego de tu amor consuma cualquier sentimiento de orfandad, rechazo o abandono. Espíritu Santo, guíame y enséñame a recibir el amor del Padre celestial llenando cualquier vacío que pueda haber en mi alma por carencias emocionales. Estoy agotada de vivir con tristeza, sentimientos de soledad o vergüenza por el pasado. Soy hija del Rey, no soy

huérfana. *Eso también me lleva a un destino glorioso. Por tu amor incondicional, abundante y lleno de fidelidad te pido que me inundes de tu gracia para enfrentar cualquier situación que intente limitar mi propósito en ti. Te agradezco que tu favor me ayuda a enfrentar cualquier situación que intente detener mi avance. Conéctame con personas clave que desatarán y apresurarán el llamado que me has dado. Te pido que me otorgues crecimiento y promoción de forma sobrenatural para la gloria de tu nombre. Que tus cuidados me preserven y que siempre me protejan.*

En el nombre poderoso de Jesús, amén.

Afirmaciones

Te invito a que hagas tuyas las siguientes declaraciones:

- El poder de la sangre de Jesucristo me limpia de todo dolor asociado con la orfandad.

- Yo disfruto del amor paterno de Dios.

- El fuego de tu amor consume todo sentimiento de rechazo y de temor.

- El Señor siempre me ha protegido.

- Disfruto la vida abundante que Dios tiene preparada para mí.

- Me niego a vivir en una mentalidad de huérfana.

- Me libero de todo dolor del pasado y solo será una referencia de gratitud de dónde me sacaron y de cuán grande ha sido la fidelidad de Dios.

Tus propias afirmaciones

_____

_____

_____

Ejercicios

1. ¿Tienes sentimientos de orfandad? ¿Por qué?

_____

_____

_____

2. ¿Qué aprendiste en este capítulo sobre la identidad que Dios te ha dado?

_____

_____

_____

3. ¿Cómo te evalúas en cuanto a tu vida de oración y ayuno?

_____

_____

_____

4. ¿Qué puedes hacer para desarrollarte en las disciplinas de la oración y del ayuno?

_____

_____

_____

La sunamita

Una mujer temerosa de Dios

«Entonces [Eliseo] le dijo: Por este tiempo, el año que viene, abrazarás un hijo. Y ella dijo: No, señor mío, hombre de Dios, no engañes a tu sierva. Pero la mujer concibió y dio a luz un hijo al año siguiente en el tiempo que Eliseo le había dicho».

2 Reyes 4:16-17, LBLA

Cuando somos bondadosas, caritativas, generosas y sembramos con amor, vemos a Dios obrar de maneras extraordinarias sobre nuestra vida y nuestras familias. Esto fue lo que la sunamita vivió en carne propia, ya que cerca de su casa pasaba de manera periódica el profeta Eliseo. Siempre es importante activar en el Nombre del Señor y por medio de la oración el discernimiento, a fin de poder identificar a los verdaderos siervos del Señor. La sunamita reconoció que Eliseo era un verdadero profeta del Dios altísimo, así que de forma persistente y con gran insistencia le invitaba a comer a su casa.

La Biblia dice que la sunamita era una mujer importante (lee 2 Reyes 4:8), por lo que era respetable, íntegra y de honor. Cada vez que el profeta pasaba por la ruta en la que estaba la casa de la sunamita, se paraba allí a comer. Sin duda, es maravilloso cuando nos encontramos con personas que nos dan este tipo de apoyo a quienes ministramos. Sin embargo, la acción no solo se limitó a hacerle cenas al profeta, sino que ella le pidió a su esposo que construyeran un pequeño aposento de paredes, que pusieran allí una cama, mesa, silla y candelero para que cuando el profeta llegara, también pudiera quedarse allí con ellos.

Mientras escribo estas líneas, llegan a mi mente hermosas memorias. He sido muy bendecida conociendo a personas que me han recibido en sus casas y me han preparado de comer. También recuerdo cómo en ocasiones me han dejado la habitación principal de la casa para que yo pueda estar más cómoda.

Cuando voy a ministrar a un lugar, no exijo hotel y mucho menos ofrendas. Hay iglesias y ministerios que me han hospedado en hoteles maravillosos, pero otros me han hospedado en sus casas pastorales o en casas de otros hermanos, y esto me hace inmensamente feliz también. Nunca debemos desenfocarnos de lo que se trata hacer, y es expandir el glorioso evangelio e imitar a Jesús en todas las formas posibles. ¡Cuán hermoso es disfrutar del amor de los hermanos en la fe! Me gusta contemplar cómo me cocinan con tanto esmero y alegría. Siempre procuro demostrarles con claridad y entusiasmo lo agradecida que me siento. Para muchos puede ser un sacrificio, solo porque quieren hacer lo mejor para servir a un ministro del Señor. Con respeto te exhorto a que cada vez que tengas la oportunidad, hagas como la sunamita y bendigas a los siervos de Dios. ¡Tú eres la que recibirá más bendición! Hay recompensas de parte de Dios cada vez que sembramos en sus ungidos. Las siguientes palabras son una promesa que salió de la boca de nuestro amado Señor Jesucristo:

Y cualquiera que os diere un vaso de agua en mi nombre, porque sois de Cristo, de cierto os digo que no perderá su recompensa. (Marcos 9:41)

La bendición del servicio

La acción de la sunamita de propiciarle albergue al profeta y pedirle a su esposo que construyeran un cuarto adicional en la casa para que el siervo de Dios en su caminar pudiera descansar, fue de gran bendición para la sunamita, así como para el profeta también. La sunamita, mujer sabia y visionaria, hizo arreglos para un siervo de Dios ante una necesidad. El profeta nunca pidió nada y menos la sunamita, pero Dios honra a los que honran a sus hijos.

La sunamita observó con detenimiento que el siervo de Dios siempre pasaba por el camino, y ella pensó en la provisión, en un aliciente, en un reposo y bendición para él. ¡Qué gran servicio puso en práctica la sunamita! De esta acción surgió amor viviente, un hijo, en virtud de un servicio sin esperar nada a cambio. Lo cierto es que cuando sembramos, de seguro que vamos a cosechar. Ella dio y ella recibió. Es entonces cuando Eliseo declara una poderosa palabra profética sobre su vida diciéndole que sería mamá.

Desde el punto de vista biológico, no había probabilidad humana que esta mujer pudiera quedar embarazada. Era una mujer que tenía muchas cosas: influencia, dinero, poder y posición social. Sin embargo, no había tenido hijos y, lo que es peor, su esposo era ya viejo. En las diferentes sociedades antiguas, a la mujer con hijos varones se le veía como virtuosa y gozaba de privilegios. En cambio, ante la sociedad, a la mujer sin hijos varones o con hijas no se le consideraba por no proveer una generación o sucesión de descendientes. En esa época, la maternidad se interpretaba como una bendición, una aceptación del Dios Todopoderoso. Por lo que las mujeres con hijos se sentían aceptadas y presentaban una autoestima saludable, en comparación con las que no habían podido tener hijos.

Es interesante observar que, de acuerdo con las costumbres, el hombre en esos tiempos trataba por todos los medios de preservar el patrimonio dentro de la familia a través de la procreación de hijos. En el contexto de la sunamita, con edad avanzada al igual que su marido, sin hijos para poder proseguir la descendencia en su familia, surge una voz de vida a través de los labios del profeta Eliseo. Tales eran sus circunstancias que la forma en que reaccionó a la profecía fue como si Eliseo se estuviera burlando de ella. Es triste cuando ante las poderosas promesas del Señor nos enfocamos en las limitaciones humanas. ¡Nuestro Dios Todopoderoso no tiene límites! El hombre no tiene limitaciones biológicas para procrear, pero los órganos de la mujer tienen un tiempo de fertilidad hasta cierta edad. Sin embargo, a

Dios le plació manifestar de manera milagrosa que se hiciera realidad una imposibilidad.

Dios siempre cumple sus promesas

En distintos pasajes e historias de la Biblia, Dios hizo propiciación a mujeres que no eran fértiles y que, por consiguiente, no habían podido tener hijos. Todo esto con el propósito de recompensar y consolar sus almas con un hijo. Sobre todas las cosas, Dios no desecha ni descarta a ninguna mujer, ya sea madre o no.

Lo que Dios te promete lo cumple. No siempre será de la forma en que quieres que sucedan las cosas, ni en el tiempo que quieras que ocurran. Tampoco se llevarán a cabo de acuerdo a la estrategia que diseñaste. Sin embargo, adoptarás el cumplimento de lo que te habló Dios. Si no hay cumplimiento, es porque habló cualquiera menos Dios. Cuando las palabras vienen del Señor, serás sorprendida y darás testimonio de cómo Él hace las cosas a la perfección.

Te cuento que cuando mi esposo y yo nos casamos no estábamos muy concentrados en el hecho de tener hijos. Nos habíamos centrado en la relación de pareja, el ministerio, y el crecimiento académico y profesional. Entonces, a medida en que fue pasando el tiempo, el anhelo de ser padres fue apareciendo y lo percibíamos como algo que el Señor ponía en nosotros. Es más, nos lo prometió.

Nunca usamos un método anticonceptivo. Al llevar un año de casados y no quedar embarazada, buscamos ayuda médica especializada. Nos hicieron diferentes estudios a ambos. Decidimos comenzar tratamientos para lograr un embarazo y ser padres. Muchos de esos tratamientos suelen ser tediosos, dolorosos, costosos y hasta abrumadores. En mi caso en particular, me estaba inyectando hormonas para provocar la ovulación.

Las inyecciones me generaban cambios en el estado anímico y algunos síntomas físicos. Aumenté muchísimo de peso y me sentía cansada. Mi esposo aprendió a ponerme las inyecciones y fue muy compasivo conmigo en todo el proceso. En uno de los tratamientos se logró que uno de los óvulos se fecundara. Sin embargo, el embrión no llegó a adherirse al útero. Perder este potencial embarazo fue una experiencia muy dolorosa a nivel emocional, tanto para mí como para mi esposo. Habíamos invertido fuerza mental, física y mucha fe. Esta pérdida vino acompañada de la pérdida de la esperanza de la maternidad y la paternidad por vías naturales. De esto casi no se habla, pero la esterilidad puede ser bien dolorosa.

Recuerdo con toda claridad que cuando me dieron la noticia de que las cosas no habían salido como se esperaba y tenía que entrar en una sala de operaciones en un hospital, se me acercó una enfermera que me vio llorando y me dijo estas palabras: «*Todo es mejor en el tiempo del Señor*». Entonces allí, entre sollozos, le dije a Dios: «*Como quiera te amo y estoy agradecida*».

Con los años pudimos comprender que esa pérdida era una ficha dentro de un rompecabezas muy grande que aún no conocíamos. En ese momento llegamos a pensar que eso nos había salido mal. Sin embargo, en el perfecto plan de Dios todo iba muy bien, pues cuatro años más tarde un hermoso niño de cinco años nos escogió para ser sus padres. Ese es nuestro hijo Adrián Emmanuel.

Desde mi adolescencia tuve el llamado de ser misionera. Este es un trabajo que implica manifestar el amor de Dios de manera muy profunda. En cambio, cuando el llamado es a realizar la misión de amor dentro de tu casa y por el resto de tu vida, cae sobre nuestros hombros un fuerte compromiso y una gran responsabilidad.

Así vemos a nuestro hijo. Él es el campo misionero más importante que Dios ha puesto en nuestras manos. Siempre recordaré, detalle a detalle, el día en el que conocimos a Adrián. Es por mucho uno de los momentos más sublimes y sagrados de mi vida. Sentí como si todo a nuestro alrededor desapareciera y que solo existiéramos él y yo. Dios no se cansó de hablarme para mostrarme que esta conexión provenía de Él y cada día lo veo más. La gente es ministrada por la forma tan pura en la que Adrián ama. Sus abrazos son famosos porque reconfortan y sanan. Hace poco fuimos a su escuela a buscar las calificaciones y fue impactante para mí recibir tantos comentarios de distintas personas sobre la forma en que son bendecidos a través de la vida de nuestro hijo. Cuando lo miro, puedo ver la fidelidad de Dios.

¡Mi alma está llena de gratitud! A cada momento le doy las gracias al Señor y también a mi hijo. Todas las noches le digo: *«Solo el amor inventa a las mamás»*. No nos convertimos en padres porque necesitemos un hijo, sino porque un niño necesitaba tenerlos. Esta es una experiencia con un tipo de amor único, puro y fascinante por completo. Después de Jesucristo, adoptar a Adrián ha sido nuestra mejor decisión.

No te cuento este testimonio con la intención de decirte que las pérdidas y las desilusiones de la vida se solucionan como por arte de magia. No puedo testificar que Dios me sanara de la esterilidad, pero sí puedo testificar de cómo Dios cambió la perspectiva humana y mis paradigmas que decían que solo podría sentir o ser madre si mi hijo provenía de mi vientre. Creo que más que todo, Dios sanó mi corazón de las expectativas humanas, rompió esquemas mentales y abrió mi alma a entender que el amor de Dios no se acomoda a lo que nosotros como humanos hemos establecido que debe ser. Él es soberano y su plan es siempre perfecto. Aprendimos que Dios tiene el control de todas las cosas. Pudimos liberarnos de las estrategias humanas, a fin de entrar en el guion de Dios. Él no solo nos demostró su incondicional y eterno amor, sino que también quería amar a través de nosotros. ¡Su promesa se cumplió!

He observado que algunas personas con dificultades para creer lo que el Señor les promete han creado paradigmas que necesitan derribar. ¿Cuáles son? Atribuirle características a Dios según las experiencias que han tenido con las personas significativas de su vida, sobre todo con las figuras materna y paterna. Es decir, si uno de los padres o ambos me fallaron, puedo pensar o sentir que Dios falla también. Que si me abandonaron, Dios me abandonará. Que si me rechazaron, Dios me rechazará. Que si tuvieron un hijo favorito que no era yo, Dios también tendrá hijos favoritos. Que si me mintieron, Dios mentirá también. Que me prometieron y no me cumplieron, Dios no cumplirá. Si de alguna manera puedes identificarte con esto, tengo una gran noticia para ti: ¡DIOS NO ES COMO LOS SERES HUMANOS!

Aunque consideramos que Dios es un ser omnipotente, en cierta medida nos cuesta creer y reconocer que ese Dios omnipotente y omnipresente nos pueda amar y nos quiera ayudar de verdad. No podemos ver un Dios de castigo cuando tu vida está a sus pies. Mujer, la naturaleza de Dios para con el ser humano es de consideración contigo. Dios no es de fallar, pues Él no falla. Dios no es de mentir, pues Él cumplirá lo que te promete. Por naturaleza, Dios no olvida lo que te promete. Por lo tanto, TU PROMESA SE HARÁ REALIDAD. CAMBIA TU PERSPECTIVA DE UN DIOS LEJANO A UN DIOS PATERNAL Y DE CONSUELOS.

Lo que Dios habla lo lleva a cabo. Lo que promete lo verás materializarse, como le ocurrió a la sunamita. Se rebasaron los imposibles para que quedara manifestado el poder de Dios. La que no había podido concebir, por las razones que fueran, concibió. El bebé de la sunamita nació y creció. ¡Cuánta alegría tuvo que haber sido para esos padres abrazar a su promesa! ¡Una promesa cumplida!

Cuando la vida nos sorprende

En la vida nos vamos a encontrar con momentos que nos van a sacudir el piso en gran medida. Eso lo experimentó la pareja de Sunem. Resulta que el esposo de la sunamita se llevaba a su hijo a trabajar con él al campo todos los días. De pronto, ocurrió lo inesperado y lo que rompió todo razonamiento. Al hijo le da un fuerte dolor de cabeza y se queja. El padre pidió que lo llevaran hasta donde estaba su madre, la sunamita, y en sus brazos muere. Sí, en esos mismos brazos en los que Eliseo profetizó que recibiría de manera sobrenatural a un bebé. Ahora la promesa está muerta.

En muchas ocasiones he atendido en consejería a mujeres a quienes se les ha muerto un hijo. En investigaciones científicas en las que se utilizan unas escalas para medir el dolor emocional, se ha descubierto que este es el dolor más agudo y angustiante que un ser humano puede experimentar.

Según la lógica: ¿qué se suponía que hiciera esta mujer al ver que su hijo había muerto? Posiblemente organizarlo todo para su sepultura. Sin embargo, ella ya no funciona por la lógica. Ya había tenido la experiencia de los milagros y portentos que Dios es capaz de hacer.

Esto me ocurre cuando los enfermos me piden que ore por ellos. Sé que el Señor sana, pues lo hizo conmigo ante un diagnóstico de cáncer. También lo sé porque milagrosamente mi cuerda vocal derecha recuperó su movimiento cuando los mejores especialistas de medicina en mi país me dijeron que eso nunca podría suceder y que había perdido la voz. ¡Hoy estoy libre de cáncer y mi voz es más potente que nunca! He visto la manifestación de tantos portentos del Señor, que le creo. Eso le ocurrió a la sunamita.

Esta mujer conocía el poder de Dios y tenía fe de que lo volvería a hacer. Así que dejó a su hijo acostado en la cama del profeta. ¿Qué más hizo? Cerró la puerta y se fue a buscar a Eliseo. Sí, al hombre que sabía que Dios usaba de forma sobrenatural. Al profeta que ya había sido de bendición para su vida y para su familia. ¿Qué pudo estar pasando por su mente en ese momento? De seguro que algo como esto: «El Dios que obró de forma tan milagrosa antes, lo puede volver a hacer».

Amada mujer, puede ser que tú en estos momentos necesites estas palabras por alguna situación compleja que estas atravesando: «El Señor lo hará otra vez». Observa la pregunta que en un momento dado Dios le hizo a Jeremías:

Yo soy el Señor, Dios de toda la humanidad. ¿Hay algo imposible para mí? (Jeremías 32:27, NVI®)

Algo que me parece extremadamente interesante y revelador es que la sunamita no le dijo a nadie que su hijo había muerto. Ni siquiera se lo informó a su esposo. En el transitar de la vida uno va aprendiendo que todo lo que uno cree, no se le puede decir a todo el mundo. Hay quienes sin tener la intención de dañar nos pueden desalentar en la fe. Lo lamentable es que son muy pocos los que creen en el poder sobrenatural de Dios y esto incluye a algunos cristianos.

La sunamita estaba rebasando la lógica humana y le ruega a su marido que le envíe unos criados y una de las asnas para trasportarse. Así que procuró hacer todo lo posible para buscar con prontitud al varón de Dios. ¡Estaba creyendo! En particular, me llama la atención la forma en que la sunamita contestó unas preguntas que le hicieron en medio de este proceso de duelo y dolor. Veamos lo que dice la Palabra:

> *Llamando luego a su marido, le dijo: Te ruego que envíes conmigo a alguno de los criados y una de las asnas, para que yo vaya corriendo al varón de Dios, y regrese. Él dijo: ¿Para qué vas a verle hoy? No es nueva luna, ni día de reposo. Y ella respondió: Paz. Después hizo enalbardar el asna, y dijo al criado: Guía y anda; y no me hagas detener en el camino, sino cuando yo te lo dijere.* (2 Reyes 4:22-24)

Una mujer en un nivel tan profundo de desesperación y de aflicción, ¿está hablando de paz? Esa es la paz que describe la Biblia como la que «sobrepasa todo entendimiento» (lee Filipenses 4:7). Las circunstancias difíciles no son para que sintamos paz. Sin embargo, lo cierto es que nos embarga una tranquilidad inexplicable. Si tenemos fe, podemos lograr tener paz en medio de cualquier tempestad.

Observa también la manera en que respondió cuando le preguntaron cómo estaba ella y su familia:

> *Partió, pues, y vino al varón de Dios, al monte Carmelo. Y cuando el varón de Dios la vio de lejos, dijo a su criado Giezi: He aquí la sunamita. Te ruego que vayas ahora corriendo a recibirla, y le digas: ¿Te va bien a ti? ¿Le va bien a tu marido, y a tu hijo? Y ella dijo: Bien.* (2 Reyes 4:25-26)

Me imagino que tú, al igual que yo, has tenido este tipo de experiencia. Estás con el corazón roto y te preguntan: «¿Cómo estás?». De inmediato respondes: «¡Bien!». El mundo se está cayendo a tu alrededor y sobre todo tu mundo interior, pero determinas expresar una declaración de fe: «Yo estoy bien», «Mi esposo está bien», «Mi hijo está bien». Te invito a que, en este momento, sin importar dónde te encuentres, expreses en voz alta y de manera intencional estas palabras: «Todo está bien».

Cuando vivimos creyendo en el poder de Aquel para el cual no hay nada imposible, no funcionamos por la información que nos están dando nuestros sentidos. No es por vista, es por fe. Aun así, recuerda que la fe sin obras es muerta. Debes actuar de acuerdo con las promesas y estatutos de Dios establecidos en la Biblia, sin dejar el compromiso establecido ante Él. Esto sin confundir la fe con el positivismo. El positivismo es una corriente filosófica que afirma que todo conocimiento deriva de alguna manera de la experiencia y rechaza cualquier conocimiento previo a la experiencia. La fe, en cambio, trasciende al mundo espiritual la cual agrada a Dios. La fe te hace ver y sentir que lo imposible se puede hacer posible, y que el respaldo de Dios estará presente.

Eliseo llega a la casa de la sunamita. El niño está sobre la cama. El profeta se lanza encima del cuerpo y el niño comienza a calentarse. Aun no vuelve a la vida, pero inicia la manifestación de la esperanza. Hay milagros que ocurren en un instante. Otros se dan en un proceso. Mientras espera, Eliseo camina por la casa. Está a la expectativa. Tenía la convicción de que resurgiría la vida. Si en estos momentos te encuentras en un proceso de espera hacia tu milagro, haz como Eliseo, no te paralices, sigue caminando y creyendo.

Eliseo se acuesta por segunda vez sobre el niño poniendo su boca sobre su boca, sus ojos sobre los ojos del niño y sus manos sobre las manos suyas. De esa manera se tendió sobre él y el cuerpo del niño entró en calor. En esta segunda ocasión el niño estornudó siete veces y abrió los ojos. El que estaba muerto volvió a la vida. ¡No hay imposibles para Dios!

Llénate de fortaleza

Estoy viendo en este tiempo una ola de milagros impresionantes. Cristo es el mismo ayer, hoy y por todos los siglos. Está vivo y tiene poder. No permitas que el desánimo gobierne tu vida. ¡No dejes de creer! ¡Resucita hoy tu fe!

Hay mujeres que conocemos y que nos impactan por la gran fortaleza que tienen. Una de esas mujeres que tengo el privilegio de atender en la oficina de consejería, y que admiro porque ha podido mantenerse en pie y a prueba de todo, es quien nos narra el siguiente testimonio.

«Yo podría ser la sunamita»

En sueños el Señor me habló con voz audible y me dijo: «Hija, tendrás otro hijo y lo usaré como usé a Moisés para que mi pueblo camine en seco. Me pertenece, me pertenece», repitió en dos ocasiones. «Señor», le dije al despertar, «para que eso suceda tendrás que convencer al padre de mis hijos, pues no quiere más hijos». Al año siguiente, tenía en mis brazos a ese hijo que se me anunció en sueños.

Me identifico con la sunamita porque sé lo que es un anhelo del corazón revelado por el Dios todopoderoso. La Biblia no revela cuántos intentos tuvo la sunamita para tener hijos, pero sí nos revela que su esposo era anciano y ella aún no había tenido hijos. Su temor a que el varón de Dios la ilusionara primero y que la engañara después muestra que anhelaba ser madre y que había sufrido desilusiones por no haberlo logrado. Su reacción de: «No hombre de Dios, no engañes a tu sierva», hablaba de la condición de su corazón y de su anhelo de que lo que escuchaba tuviera cumplimiento en su vida. Mi reacción de: «Tendrás que convencer al que está a mi lado» (el padre de mis hijos) fue por el temor a que ese hijo no lo aceptara por el que era mi esposo. Dios no actúa en las emociones del hombre, sino que sus palabras se cumplen en su totalidad.

Si impresionante es recibir una palabra de parte de Dios, más impresión causa vivir el cumplimiento de esa palabra. Casi me desmayo cuando vi el resultado positivo de la prueba de embarazo. Fue tan emocionante e impresionante que nunca olvidaré ese día. Imagino a la sunamita al ver cómo crecía su barriga. Sabía que cargaba una promesa del cielo, un gran propósito crecía en su vientre. Así estaba yo, amando cada día más la promesa que crecía en mi interior. En varias ocasiones, mi embarazo se vio amenazado, pero una paz me inundaba porque sabía que habría cumplimiento.

Llegó el momento de su nacimiento y fue en Semana Santa. Nació prematuro a los siete meses de gestación. Pesó 1,36 kilos y midió 45,72 centímetros. El médico me dijo: «Mamá, no nacerá llorando, sus pulmones no están desarrollados». A mi lado colocaron una incubadora y un equipo médico para ayudar al bebé a respirar. Ya estando lista para la cesárea en el quirófano le dije al médico:

—No me haga la cesárea hasta que yo ore por usted.

—¿Por mí? —me preguntó el médico.

—Sí, por usted, para que sus manos no sean las que me hagan la cesárea, sino que más bien sean las manos de mi Señor.

Entonces, oramos todos: el anestesiólogo, el médico, las enfermeras y los ayudantes. Mi hijo nació llorando sorprendiendo al equipo médico. Nació entre aplausos. No podían creer lo que estaba sucediendo y aplaudieron de la emoción. Vi nacer de mi vientre una promesa, sobrepasando las expectativas de todos los que estaban allí. ¡Fue tan emocionante! No paré de llorar y de darle la gloria a Dios. Sentía las caricias de mi Señor, y también me sentí muy segura y en paz. Imagino a la sunamita al dar a luz a su hijo. La imagino llena de paz porque Dios le había hablado que tendría a su hijo en sus brazos.

En la adolescencia, mi hijo fue víctima de una depresión que lo llevó a intentar quitarse la vida. Sobre su cama había un polvo blanco y miré hacia el techo dando lugar a la posibilidad de que tal vez el estucado del techo estaba afectado. Sin embargo, ese no era el caso. El estucado estaba en perfectas condiciones. Estaba dormido y lo dejé descansar. Al cabo de dos horas, comenzó a vomitar sin detenerse. De inmediato llegué a la sala de urgencias de un hospital. No paraba de vomitar. Comencé a sentirme inquieta. Le decía al Señor: «Cubre a mi hijo, sana su estómago». Yo estaba totalmente ajena a lo que sucedía.

De pronto, el Señor me revela lo sucedido y le dije a mi hijo mirando a sus ojos con fijeza: «¿Cuántas pastillas tomaste?». Ni yo entendí por qué le dije eso, pero para mi sorpresa me dice: «Más de cinco». ¡Qué golpe! Hasta mi vista se nubló. Fue increíble lo que escuché y, al preguntarle por segunda ocasión, obtuve la misma respuesta. Mi hijo tomó 67 tabletas para la artritis de 650 miligramos. El médico me dijo: «Ya pasaron más de dos horas. No puedo hacer nada, solo esperar y tal vez muera». ¡No! Allí me fui a una pared y no quería tener contacto visual con nadie, solo quería hablar con Dios y le dije: «Señor, tú me hablaste de este hijo. Señor, tú me dijiste que tenías grandes propósitos. No estaba en mis planes, pero sí en los tuyos. Lo recibí con amor, mi vientre dio a luz una promesa tuya y ahora está a punto de morir, Señor. Su propósito aún no se ha cumplido, Señor, no lo permitas». Lloraba tanto que no tenía fuerzas para gritar, no había fuerzas ni para respirar, estaba en completo quebranto. Nunca podré explicar lo que mi alma sentía. Estar expectante a la muerte de un hijo y tenerlo en tus brazos y no poder hacer nada para ayudarlo es algo muy doloroso. Le hubiera dado mi vida, la hubiera cambiado por la suya. «Mami, me voy a morir», me dijo. Recuerdo que hice una oración a mi Señor: «Papá Dios, abrázame, no me sueltes por favor». Ya eran diecisiete vómitos.

El médico nunca atendió a mi hijo, ni tan siquiera fue a ver de quién se trataba. Sin embargo, como Dios no comparte su gloria con nadie, mi hijo recibió un lavado de estómago natural. Allí Dios era el que estaba desatando un milagro poderoso. Un escenario de muerte, ahora era de vida. El gran porcentaje de acetaminofén en su sistema alarmó al personal del laboratorio del hospital y repitieron la prueba en varias ocasiones. Tanto así, que enviaron la prueba a otro laboratorio de un hospital cercano, donde confirmaron los resultados. Era imposible que no muriera, era inminente. Sin embargo, lo que desconocían era que a quien tenían allí era el cumplimiento de una palabra del Dios del cielo.

Yo tenía la opción de enmudecer y morir de terror por lo que mis ojos veían que sucedía con ese hijo. Sin embargo, opté por clamar a Aquel que escogió mi vientre para una vez más mostrar su gloria. El hijo de la sunamita murió en sus brazos, pero ella no dio por terminada la vida de su hijo. Yo tampoco me resigné a la muerte del mío. En cada proceso que he tenido que enfrentar por causa de ese hijo, me he entregado a ser formada, pero no a ser derrotada por algo que parece contrario a lo que habló Dios. El Señor ha sido fiel.

¿Quién quiere curvas, peldaños, obstáculos o rocas en el camino? ¡Nadie! No son deseados. Nos pueden generar angustia y ansiedad. Sin embargo, todas nuestras pruebas de fe tienen una razón de ser y su fin es bueno para nosotras, dado a que todo obra para bien para aquellas que aman a Dios (lee Romanos 8:28). En mi criterio, existen para llevarnos a un nivel más alto y a poder ser testigos de una gloria de Dios mayor. La Biblia dice que el Señor ordena los pasos de los justos (lee el Salmo 37:23), y eso incluye a quienes puedan estar, como la sunamita, dentro de algún camino tenebroso e incierto.

Nos enfrentaremos a eventos que no serán nada fáciles; pero en toda ruta caminada hay milagros, respuestas, sorpresas y gloria de Dios. No existen caminos cortos para llegar a conocer mejor al Dios todopoderoso. No existen atajos para saber cómo Él obra en medio de las situaciones que parecen no tener sentido. No existen atajos para convertirnos en testimonios vivos de su poder. No existen rutas cortas para ser transformadas en la fe y la esperanza dentro de la ruta de la adversidad. Hoy siéntete motivada a levantar los ojos por encima de los gigantes. Experimenta el impulso a encontrar la luz de la aurora. Ten la seguridad de que la noche es más oscura justo antes del anuncio de un nuevo amanecer, y con él una nueva oportunidad de vencer en fe. ¡No te rindas!

Oración

Dios omnipotente:
Tú me conoces bien. Conoces lo que sucede en los pasillos más recónditos de mi interior. Examina si necesito desarrollar mi confianza en ti. La vida en estos tiempos se torna compleja y reconozco que en ocasiones mi fe se puede tambalear, sintiendo miedo y ansiedad. Hoy vengo a ti, abriéndote mi corazón por mi anhelo de crecer en fe. Anhelo que mi esperanza en ti sea inquebrantable. Por favor, ayúdame a que mi fe sea fuerte y déjame ver sus frutos para tu gloria.
En el nombre de Jesús, amén.

Afirmaciones

Te invito a que hagas tuyas las siguientes declaraciones:

- Mi alma rebosa de alegría por causa de la fe.
- Creo que Dios todo lo puede hacer.
- Por fe sé que el Señor me puede levantar.
- Afirmo que la esperanza se vivifica dentro de mí.
- Me levanto cada mañana con determinación para esperar lo mejor de Dios para mi vida.
- Mi mente está llena de optimismo.
- Le creo a Dios aunque parezca no tener lógica.
- Mi alma rebosa de alegría por causa de la fe.
- Descanso en todas las promesas que el Señor me ha hecho.
- Miro hacia el futuro con seguridad.

Tus propias afirmaciones

_____
_____
_____

Ejercicios

1. Te acompaño a traer a la memoria las promesas que el Señor te ha dado. ¿Qué es lo que el Señor te ha prometido?

_____
_____
_____

2. ¿Cómo te evalúas a ti misma en la fe sobre el cumplimiento de esas promesas?

_____
_____
_____

3. ¿Qué te dirías si se asoma a tu mente una crisis de fe?

_____
_____
_____

4. ¿Qué recursos internos posees para estar bien y en paz en medio de la adversidad?

_____
_____
_____

María, la madre de Jesús

Bendita, muy favorecida y estoica ante el dolor

> *«El ángel se acercó a ella y le dijo:*
> *"¡Te saludo, tú que has recibido el favor de Dios!*
> *El Señor está contigo"».*
>
> Lucas 1:28, NVI®

María era una joven que vivía en la ciudad de Nazaret. La última vez que fui a Nazaret fue en el año 2022 y es una región hermosa en la Baja Galilea. En la actualidad, es la ciudad árabe más grande de Israel. Caminar por sus calles es una experiencia sublime al conectarnos con el hecho de que por ahí creció y se crio nuestro amado Señor Jesucristo.

La madre del Señor fue una mujer señalada, escogida y bendecida. Tal vez la mujer bíblica con mayor trascendencia para la humanidad. El nombre María, del griego *Μαρία*, deriva del hebreo original «Mariam», que significa: «pureza», «virtud» y «virginidad». Ninguna otra mujer en la Biblia es más admirada. La propia María declaró que todas las generaciones la verían como una mujer profundamente bendecida por Dios. Veamos cómo lo dice en el Evangelio de Lucas:

> *Porque ha mirado la bajeza de su sierva; pues he aquí, desde ahora me dirán bienaventurada todas las generaciones.* (Lucas 1:48)

Cuando por la notable gracia de Dios quedó embarazada por obra del Espíritu Santo, María era virgen. También representó un papel importante en la crianza de Jesús durante su niñez y luego se convirtió en su seguidora. ¿Cuánto se sabe de los detalles biográficos de María? La verdad es que no mucho. Sin embargo, los datos registrados en los Evangelios son suficientes para comprender la importancia de esta mujer tan llena de gracia. Fue un alma sencilla que mantuvo un perfil bajo manifestando que el grande era su hijo, Jesús.

Examinando diferentes escritos encontramos que hay autores que atribuyen el origen del nombre «María» a la raíz egipcia *mry,* que significa «amar». Este significado en particular me llama mucho la atención, pues

María, la madre de Jesús, suele estar muy relacionada con el amor, sobre todo el amor maternal que es entregado, sublime y sacrificado también.

Cuando el ángel le anunció a María que estaba embarazada, lo más probable es que fuera una adolescente. Siendo tan joven, decidió confiar en Dios, serle obediente y creerle. Dentro del contexto histórico y cultural en el que se desarrolló, las niñas se comprometían cuando tenían alrededor de trece años. El matrimonio lo arreglaban el novio, o sus familiares, con el padre de la niña. María se había comprometido con un hombre justo (lee Mateo 1:19) que se dedicaba a la profesión de la carpintería (lee Marcos 6:3).

Fue interesante para mí aprender que el compromiso de María con José era un acuerdo legal conocido como *kiddushin*. En esa cultura, el transcurso del compromiso hasta la boda era de un año completo y era tan obligatorio como el matrimonio mismo. A la pareja de comprometidos se les consideraba tal y como si fueran marido y mujer, y solo un divorcio legal podía anular el contrato. Sin embargo, durante ese tiempo vivían separados y no podían tener relaciones sexuales. Uno de los principios más importantes del *kiddushin* era demostrar lealtad y fidelidad.

El precio del privilegio

María tuvo un gran privilegio al ser la escogida para traer al Salvador al mundo, pero cada bendición y honra espiritual puede implicar el pago de un alto precio. Las tareas del cielo que tienen como fin salvar y restaurar a muchos traen consigo sacrificios. Veo que María avanzó, siempre adelante, aunque tuvo un alto costo: arrastrar el estigma de estar embarazada sin haberse casado. Qué fuerte tuvo que haber sido el hecho de que, habiéndose cuidado para ser virgen, ¡ahora la juzgaban por todo lo contrario! Cuando se señala a alguien y ese señalamiento es injusto, es un proceso que duele demasiado. No obstante, si te identificas con esto, tranquila... Al igual que María, Dios te hará justicia y hasta los que se levantaron en tu contra admitirán: «Ella es muy favorecida».

El plan de José era dejar a María en secreto. Al ser José un hombre justo y amar a María, no quería hacer pública la situación, a fin de no afectarla en un escarnio social. José tuvo que haber pasado momentos de mucha confusión y desesperación. La ansiedad es una emoción común ante eventos que no comprendemos y de los que no tenemos control. Sin embargo, Dios es experto en llegar a tiempo e intervenir con nuestra alma para darnos dirección en los momentos en que nos sentimos perdidas. Así que un ángel se le apareció para reconfortarlo y le dijo:

> Pero, cuando él estaba considerando hacerlo, se le apareció en sueños un ángel del Señor y le dijo: «José, hijo de David, no temas recibir a María por esposa, porque ella ha concebido por obra del Espíritu Santo. Dará a luz un hijo, y le pondrás por nombre Jesús, porque él salvará a su pueblo de sus pecados».
> (Mateo 1:20-21, NVI®)

Analizando el perfil psicológico de María frente a todo este panorama, de seguro que pensó en todas las dificultades que tendría que enfrentar. La mente suele presentarnos de forma automática la película de las dificultades que podemos afrontar ante lo inesperado. Su sorpresa y gozo por ser la escogida para traer al redentor del mundo pudo haber recibido un impacto ante el temor de lo que tendría que atravesar. Aun así, conociendo el alto precio que tendría que pagar, fue mayor la responsabilidad de ser obediente. Demostró una fe madura. María se rindió por completo a la voluntad de Dios y dijo:

He aquí la sierva del Señor; hágase conmigo conforme a tu palabra. (Lucas 1:38)

María y Elisabet

María tenía una parienta llamada Elisabet. ¿Qué tenían en común? Dios las bendijo a ambas con embarazos sobrenaturales. Elisabet tenía cerca de ochenta años y nunca había podido concebir. Entonces, de manera milagrosa, quedó embarazada a pesar de todas las imposibilidades humanas. ¡Qué extraordinario es cuando las mujeres en armonía celebramos y nos deleitamos por los milagros que el Señor ha hecho con cada una de nosotras! Yo me alegro de tu milagro y tú te alegras del mío. María, una adolescente, y Elisabet, una adulta mayor, dispusieron un tiempo juntas para deleitarse en las bondades del Señor. Este encuentro propició una experiencia espiritual extraordinaria. Veamos:

Y aconteció que cuando oyó Elisabet la salutación de María, la criatura saltó en su vientre; y Elisabet fue llena del Espíritu Santo, y exclamó a gran voz, y dijo: Bendita tú entre las mujeres, y bendito el fruto de tu vientre. ¿Por qué se me concede esto a mí, que la madre de mi Señor venga a mí? Porque tan pronto como llegó la voz de tu salutación a mis oídos, la criatura saltó de alegría en mi vientre. Y bienaventurada la que creyó, porque se cumplirá lo que le fue dicho de parte del Señor. (Lucas 1:41-45)

María escuchó de Elisabet un mensaje profético que comprendió al instante. Probablemente estaba conmovida por la gloriosa gracia de Dios. Pudo comprender que Dios protege y manifiesta su cobertura sobre los que le temen. Me imagino que esa visita fue especial. Hay encuentros que son un soplo del Señor.

Simeón y Ana

María dio a luz a Jesús en Belén. En ese momento, la acompañaba su esposo, José, pues fueron hasta allí para cumplir con lo decretado por Augusto César en todo el Imperio romano (lee Lucas 2:1-5). Este viaje tuvo que generarle cansancio y agotamiento a María, teniendo en cuenta que recorrieron una distancia de unos 140 kilómetros. Como resultado del decreto del emperador y el movimiento de personas a sus diferentes pueblos, el matrimonio no pudo encontrar alojamiento en alguna posada del lugar. Así que José y María se refugiaron en un establo que estaba en una cueva. Aquí es donde María dio a luz a Jesús.

He tenido la oportunidad de pisar este maravilloso lugar en varias ocasiones. Algo curioso es que la puerta de entrada es pequeña al punto donde cada persona que va a entrar tiene por obligación que inclinarse. Esto nos revela el mensaje de que no hay otra forma de presentarse al nacimiento del Rey de reyes y Señor de señores que no sea en una posición de humillación y reverencia.

Cuando Jesús era recién nacido, lo llevaron al templo para dedicárselo a Dios. Ofrecieron como sacrificio dos tórtolas, siendo esta la ofrenda que presentaban los pobres, dado a que su nivel económico no les permitía sacrificar un cordero. En el templo se encontraron a Simeón y a Ana, dos viejitos que eran extraordinarios siervos del Dios altísimo.

Simeón era piadoso y estaba esperando con intensa fe la consolación de Israel (lee Lucas 2:25). Él sabía, por revelación del Espíritu de Dios, que antes de partir de este mundo tendría el privilegio de ver al Mesías prometido. Como el Señor cumple lo que promete resultó que precisamente el día en que María y José llevaron al niño al templo, también Simeón estaba allí, y cuando lo vio, de inmediato supo que Jesús era el enviado de Dios para salvar el mundo. Las Sagradas Escrituras establecen que Simeón tomó a Jesús en sus brazos y pronunció una profecía que con toda probabilidad quedó marcada en el corazón de María. Sus palabras fueron las siguientes:

He aquí, este está puesto para caída y para levantamiento de muchos en Israel, y para señal que será contradicha (y una espada traspasará tu misma alma), para que sean revelados los pensamientos de muchos corazones. (Lucas 2:34-35)

María en el ministerio de Jesús

Es curioso el hecho de que, según la Biblia, la madre de Jesús solo aparece en tres ocasiones en toda la trayectoria de su ministerio. La primera de estas ocasiones fue en las bodas de Caná, que fue el lugar donde se manifestó el primer milagro del Señor. María fue una de las primeras personas que se dio cuenta de que el vino que tenían no sería suficiente para los invitados. También sabía que su amado hijo podría resolver la situación (lee Juan 2:3). Jesús convirtió el agua en vino dejando a todos sorprendidos. Este fue el inicio de la manifestación de su poder... ¡y te recuerdo que Él es el mismo ayer, hoy y por todos los siglos para hacer milagros!

Aparece de nuevo cuando la multitud seguía al Señor. Dadas las circunstancias, Jesús no tenía tiempo ni para comer (lee Marcos 3:20). Como suele pasar en las familias, aparecieron las preocupaciones por el bienestar de Jesús ante tales demandas de la gente. Trataron de sacarlo de en medio de la muchedumbre, pues estaban inquietos de que le podían hacer algo que lo dañara (lee Marcos 3:31-35). Sin embargo, Jesús tenía sus objetivos claros y recalcaba que tenía que estar concentrado en el cumplimiento de su llamado y enfocarse en los asuntos para los que el Padre celestial lo había enviado. Jesús subrayó que la fidelidad espiritual está por encima de los lazos familiares. Luego, miró a la multitud y dijo:

—*Aquí tienen a mi madre y a mis hermanos. Cualquiera que hace la voluntad de Dios es mi hermano, mi hermana y mi madre.* (Marcos 3:34-35, nvi®)

La Biblia muestra a María en el camino a la cruz y en la misma escena de la crucifixión de Jesús. Estuvo al pie del madero donde crucificaron a Cristo, y Él se la encargó de manera amorosa al apóstol Juan (lee Juan 19:25-27). Esta delegación y cuidado fue una de las siete frases pronunciadas por Jesús en la cruz. Con esto, puso de manifiesto su humanidad y preocupación por su querida madre en esa hora de agonía.

¿Tendría María el conocimiento de que llegaría ese día tan fuerte? Aunque la Biblia no habla de esto de manera específica o concreta, podemos suponer que tuvo la sospecha. Jesús había hablado de su propia muerte, y es probable que María lo hubiera escuchado.

No tenemos por qué dudar de que cuando María, con el alma en carne viva, estaba observando la forma en que un soldado romano atravesaba el costado de Jesús, pudo haber recordado la profecía de Simeón. En ese momento en que su ser de madre estaba en el más profundo de los quebrantos debió haber conectado en su mente ese recuerdo y que retumbara en su interior las palabras de Simeón: «Una espada traspasará tu misma alma» (Lucas 2:35). Lo más probable es que no solo lo recordara en ese momento, sino que siempre tuviera presente esas palabras.

Para María era el dolor de una madre. Incluso, tal vez supiera desde mucho antes que su hijo nació para entregarse a toda la humanidad. Es más, desde el punto de vista profético, estaba establecido que sería herido por nuestras rebeliones, molido por nuestros pecados, que el castigo de nuestra paz recaería sobre Él y que por sus llagas seríamos curados (lee Isaías 53:5). Ningún dolor humano es comparable al dolor que pasó Jesús en la cruz, pero de seguro que María tuvo que haber sufrido muchísimo, pues ninguna madre está preparada para ver morir a su hijo.

Para Jesús, la compañía de María tuvo que haber sido importante, dado a que estaba pasando el momento más lúgubre y oscuro de su vida. Tuvo que haber sido una fuente de aliento ver a su madre allí presente tanto a nivel físico, como emocional y espiritual. Ante los desafíos de la vida, es de suma importancia experimentar que las personas que nos aman están cerca y que no nos han dejado solas.

El dolor y la angustia que pudo haber vivido son indescriptibles, pero creo que María fue una mujer muy fuerte en lo emocional, a esto se le conoce como inteligencia emocional. Ella se mantuvo acompañando a su hijo en la escena desgarradora de su asesinato hasta el momento de su fallecimiento. El apoyo a Jesús fue latente. Es como si la escucháramos decir: «Hijo, yo estoy aquí contigo». Era evidente que María fue una mujer llena de valentía y tesón.

También María fue una mujer espiritual, y esto la tuvo que haber fortalecido en medio de un dolor tan grande. Existen abundantes investigaciones que validan el hecho de que la espiritualidad es un arma útil para lidiar de forma saludable con los procesos de duelo y superar todo tipo de pérdida. Mientras mejor sea la relación con Dios, mayores probabilidades tiene la persona de superar con éxito los dolores emocionales que le han tocado enfrentar. Múltiples estudios han demostrado que las personas que tienen fe pueden manejar de manera más saludable las adversidades y tener paz en medio de las tormentas de la vida.

La pérdida de un hijo es el dolor que el Padre celestial vivió por amor a cada uno de nosotros al morir Jesús en la cruz. Este fue el dolor que experimentó también su madre María. En el orden natural de las cosas se espera que los padres mueran antes que los hijos. Esta es una de las razones por las que la muerte de un hijo tiene tanto impacto y suele generar un alto grado de desolación.

El proceso de la aceptación de la pérdida

Puede ser que María atravesara el proceso de duelo dentro de la negociación de la pérdida, dado a que podía estar esperando que se produjera en cualquier momento la muerte de su hijo.

En cuanto a ti, ¿cómo podrías aplicar tu propio proceso de aceptación ante las pérdidas de la vida? Podemos decir que la etapa de la negociación se trata de un esfuerzo por encontrar alguna manera de aliviar el dolor y puede generar dosis significativas de agotamiento mental y físico. Por lo tanto, para pasar este proceso enfocada en la meta de la aceptación de la pérdida de la forma más saludable posible, te invito a que tengas en cuenta lo siguiente:

1. **Todos los días conéctate con Dios a través de la oración.** El Espíritu Santo es el consolador. Delante de la presencia de Dios es el lugar donde puedes abrir tu corazón y ventilar todas tus emociones con respecto a la pérdida. Podrás llenarte de esa fortaleza que solo sabe dar el Señor. La oración es ese espacio en el que reconocemos que se activa un poder superior al nuestro. Estoy agradecida porque no solo en las horas más oscuras, o en los momentos de mayor debilidad, puedo acudir al Señor en oración, sino todos los días de mi vida. Cada mañana y cada noche. El haber creado un hábito de oración ha sido una de las fuentes más importantes de crecimiento, sobre todo ante las pérdidas.

2. **Comprende que cada situación y circunstancia en la que te encuentras ahora es la voluntad de Dios.** El Señor te ama y no permitirá nada para tu destrucción. Cada experiencia vivida implica una gran dosis de crecimiento, sobre todo ante las que hemos sufrido más. Aunque las preguntas a Dios pueden ser parte del proceso frente a lo que no podemos comprender, su voluntad siempre es perfecta. Te garantizo que lo que no comprendes ahora, más adelante lo comprenderás. Nadie quiere curvas, peldaños, obstáculos o rocas en el camino. Sin embargo, siempre tienen una razón de ser. La Biblia dice en el Salmo 37:3 que los pasos de los justos son ordenados por el Señor, y esto incluye los que damos dentro del camino tenebroso.

3. **Busca los espacios para reflexionar en profundidad sobre la pérdida.** La reflexión es el proceso que nos permite pensar detenidamente. Es dar esos imprescindibles viajes por nuestro interior. Lo considero como un acto profundo

de evaluar la pérdida y descubrir su sentido. En cada una de nosotras puede suceder algo milagroso en el alma y es su restauración. A través de la reflexión intrínseca es que vamos cambiando y transformándonos por medio del poder del Espíritu Santo. Además, como hijas amadas de Dios, merecemos ser felices, así que debemos llevar a cabo un trabajo continuo con mucho compromiso de nuestra parte, a fin de no quedarnos estancadas en el dolor.

De acuerdo a la Psicología y a los campos de la conducta humana, la muerte de un hijo es el luto que puede tener una tendencia a quedarse sin resolver. De alguna manera, es una angustia que queda en el interior sin darle un cierre total. Es el dolor emocional y la pérdida que no tiene nombre.

Cuando a un hijo se le muere un padre o madre se le llama huérfano. A quien se le muere el cónyuge se le llama viudo. Incluso, hasta el dolor que Jesús experimentó en la cruz del Calvario se le han dado ciertos nombres. Sin embargo, al dolor de un padre o una madre que pierde un hijo no se le ha podido poner ningún nombre.

Sin lugar a dudas, hay pérdidas que tienen un impacto significativo en nuestro corazón. La forma en que lograremos la recuperación es dándonos un mantenimiento diario en el fortalecimiento de nuestra vida espiritual y emocional. Suele dar excelente resultado el trabajo consciente con nuestros pensamientos y actitudes.

Terapia literaria

Una de las técnicas en las que podemos hacer ese trabajo espiritual y emocional es usando la terapia literaria que no es otra cosa que la utilización de la escritura para sanar. ¿Has usado la escritura como una técnica para liberar tus emociones? En los procesos de duelo es muy recomendado usar la escritura como una estrategia para hacer cierres psicológicos saludables. Es recurrente para mí escuchar a mis pacientes decir que el escribir les ha generado mucha liberación ante la pérdida. La escritura con un propósito de sanidad interior puede trasformar los pensamientos y los sentimientos de una persona que está sufriendo en la senda del duelo. Redactar a mano o en una computadora es un ejercicio que constantemente les solicito a mis pacientes para completar sus procesos y dirigirlos hacia la etapa de la aceptación en la pérdida. Por años he sido testigo de la gran eficacia que tiene este ejercicio.

Dentro de la terapia literaria podemos hacerle cartas a Dios como una manera de ventilar nuestros sentimientos. También se trata de un mensaje a través del Señor a nuestro ser amado fallecido donde se puede plasmar lo que no se dijeron, pedir perdón de ser necesario y manifestar todo lo que pudo haber quedado inconcluso. Es una conversación con Dios, derramando tu alma, lo que sientes para permitir que tu corazón sane. Este es un ejercicio puramente psicológico y no espiritual. De ninguna manera es que pensemos que esta sea una comunicación con la persona muerta. Creemos lo que dice la Biblia en el libro de Eclesiastés:

Porque los que viven saben que han de morir; pero los muertos nada saben, ni tienen más paga; porque su memoria es puesta en olvido. También su amor y su odio y su envidia fenecieron ya; y nunca más tendrán parte en todo lo que se hace debajo del sol. (Eclesiastés 9:5-6)

Doña Nitza Ríos nos muestra el ejercicio utilizando la terapia literaria que realizó a solicitud nuestra.

¿Quién es ella? Es la madre de Arellys Mercado, una joven que asesinaron el 18 de agosto de 2019 en una marina. Este fue un caso muy sonado públicamente en Puerto Rico. Doña Nitza, quien iba acompañada de su Biblia a la sala del tribunal donde se llevó a cabo el extenso proceso del juicio, se convirtió en un modelo de entereza y fe ante todo el país. Ha sido una mujer que su pérdida la ha transformado en una poderosa semilla de bendición para otras personas. Espero que este ejercicio, realizado por una madre como María a quien le asesinaron el fruto de su vientre, también pueda ser de bendición para ti, y que puedas desarrollar tu propia «Carta al cielo». Veamos:

«Carta al cielo»

Padre celestial:

Como es de tu conocimiento, hace un tiempo que mi amada hija Arellys Mercado Ríos se fue a morar contigo. Por tal motivo, te pido que le hagas llegar esta misiva. El propósito de esta carta es que sepa lo mucho que significó para mí y para todos los que la conocieron, que sepa que la amamos y la recordamos. También deseo agradecerle su paso por nuestras vidas, su legado y el gran anhelo que albergamos en ese gran día en que nos volveremos a encontrar.

Aprovecho la oportunidad para darte las gracias, mi Señor, por enviar a tus ángeles a rescatar el alma de mi hija. Te agradezco por sostenerme y fortalecerme en esta gran prueba que jamás pensé vivir. Gracias por escuchar mi oración cuando te pedí que, por favor, anestesiaras mi corazón. Hoy puedo decir con toda seguridad que tú eres real, que escuchaste mi clamor y me sacaste del pozo de la desesperación, del lodo cenagoso. Pusiste mis pies sobre peña y enderezaste mis pasos. Has puesto en mi boca cántico nuevo, por eso hoy te puedo alabar. Mi ayuda y mi libertador eres tú (Salmo 40).

Querida hija:
Ya han transcurrido treinta y ocho meses de tu partida a las Moradas Celestiales.
Sé que estás en el mejor lugar, junto a nuestro Creador. Quiero que sepas que extraño tus abrazos apretados y llenos de amor, esas carcajadas, pues te reías por todo, con motivo y sin él. Extraño tus mensajes de texto: «Madreeeeee Bendiciónnnn». Los detalles que me traías cuando regresabas de cada viaje. Te agradezco cada cumpleaños que me celebraste y los regalos que me hacías. Algo que admiré siempre de ti fue tu adrenalina. Esa valentía que tenías que te llevó a montarte en un globo aerostático y sobrevolar Tailandia, pasear en góndolas en Venecia, escalar las montañas del Machu Picchu y disfrutar en diferentes atracciones como bucear, nadar, correr motoras y más.
Recuerdo el día que me comunicaste que ibas a dejar tus estudios de Biología en la Universidad de Puerto Rico para irte a estudiar en otra universidad la carrera de Director Funeral y Embalsamamiento de Cadáveres. ¡No me agradó tu decisión! Reconozco que me impactó. Sin embargo, soy testigo de tu amor hacia tu profesión y tu total entrega al mismo. ¡Naciste para servir!
Te distinguía ese amor por la familia, los amigos, tu trabajo, los animales y ese espíritu aventurero que siempre te caracterizó y te llevó a visitar tantos países.

Desde muy jovencita te fascinaba el mar, disfrutabas las puestas de sol y pasabas largas horas acostada en el césped mirando las estrellas. ¡Ahora puedo entender por qué!

Eres, fuiste y siempre serás la razón por la que nos mantenemos unidos celebrándote, honrándote, extrañándote y, sobre todo, agradeciéndote por todas esas lecciones de vida que nos diste. Por hacernos valorar lo que es realmente importante, por enseñarnos a vivir cada día como si fuera el último. Hemos aprendido a aceptar, a perdonar y a amarte mucho más desde que te mudaste al cielo, y es que desde las alturas nos sigues enseñando.

Créeme que me siento muy orgullosa de ti. Le agradezco a Dios que me eligiera para traer al mundo un ser humano tan espectacular, una mujer de mucha luz, una gran profesional de aspecto vivaz, de lindo parecer, leal y empática entre otros adjetivos.

Quiero que sepas que desde tu partida tus amigos y yo nos hemos reunido varias veces en el Campo Santo para agradecerle a Dios tu paso por nuestras vidas, tu estancia en nuestros corazones, revivir tus memorias y sintiéndote entre nosotros, imaginándote sonreír y anhelando volver a verte.

¡TE AMARÉ POR SIEMPRE! ¡GRACIAS POR TANTO!

Tu mamá, que nunca te olvidará

Como en el caso de María, y también en el de doña Nitza, la esperanza de que volveremos a ver a la persona que amamos y que falleció es un vehículo maravilloso para manejar la pérdida. ¡Jesús resucitó! Para los creyentes en Cristo Jesús, las despedidas son un «hasta luego». La Biblia dice que nosotros no andamos como los que no tienen esperanza (lee 1 Tesalonicenses 4:13).

A través de Cristo tenemos vida eterna. ¡En Cristo todos somos vivificados! (lee 1 Corintios 15:20-22).

«Yo podría ser María, la madre de Jesús»

Él era hermoso. Tenía un color claro que iluminaba y unos ojos brillantes que me hacían feliz cada vez que los miraba. Era mi segundo hijo. Esa mañana lo dejé donde le cuidaban, pero no sin antes darle mil besos, lactarlo y llenarlo de amor. Fue la última vez que lo vi con vida. Me tocó identificarlo en el hospital y en Ciencias Forenses. El proceso fue muy difícil. Sin embargo, había «algo» que me sostuvo y me mantuvo en pie. Ahora sé que Dios no me soltó en ningún momento en ese proceso ni en toda mi vida. También, las personas que no me soltaron de su oración fueron clave en todo esto. Nací en una familia difícil. Mi mamá, en un episodio de violencia, asesinó a mi papá cuando yo era una bebé. Ese momento marcó mi vida y afectó todo mi desarrollo. Fui víctima de abuso y maltrato, y muchas veces me rechazaron por mi forma de ser.

Cuando murió mi hijo, pensé que me moría también con él. Mi interior se derrumbó. Aun así, permanecía en pie, sirviendo y amando. Dios transformó el dolor en amor y perdón. No fue fácil, y aún hay muchas veces que me caigo, fallo y me deprimo. Sin embargo, Dios, Dios sigue ahí. Poco a poco me ayudó a verme como Él me ve. Me mostró que mi forma de ser activa, sensible, habladora e inquieta está ahí porque Él la puso y tiene su propósito. Me mostró que si soy fuerte, es porque Él está conmigo.

He vencido batallas en mi interior junto a Él y me he mantenido fuerte. A mi bebé sé que lo volveré a ver. ¡Yo lo amé tanto! El dolor de su partida sigue ahí, no existe una palabra asignada para cuando perdemos un hijo, no la hay. En cambio, Dios puede transformar cualquier dolor en amor, y el amor nos hace ver todo diferente, nos ayuda a perdonar y a seguir adelante. Aún continúo en mis procesos. Aún hay cosas que seguir sanando y transformando. Tengo dos hijos con vida a los que amo inmensamente. Confío en el trabajo maravilloso que Dios ha hecho en mi vida, confío en su amor, en su fuerza y en sus planes para mi vida. La muerte no tiene la última palabra. La muerte, el abuso, el rechazo y el maltrato no definen cómo vamos a vivir.

Soy fuerte y vencedora, pues Él está conmigo.

Cuando miro atrás mi vida y veo por todo lo que pasé, pienso: «¡Qué fuerte soy!». Entonces, imagino al Señor sonriendo con cara de complicidad y pensando: «Yo siempre te sostuve».

El Señor te está sanando. Te está liberando del dolor para que todos los propósitos que tiene contigo puedan cumplirse. Es maravilloso ver en María, la madre de Jesús, cómo el Padre celestial la sostuvo al igual que te sostiene hoy a ti. Eres un arma poderosa en las manos de Dios para este tiempo. Para que Él nos use con autoridad, es imprescindible que los dolores de las pérdidas se transformen en ganancias. Mira cómo el Señor lo hizo con estas intrépidas mujeres que están en la Biblia. María vio a su hijo resucitado. Su vida ha impactado a millones a través del mundo entero. De ti también se está escribiendo una historia con un final feliz para la gloria de Dios. ¡Créelo! Afirmo sobre tu vida este pasaje bíblico que en muchas ocasiones me ha servido de fortaleza y que he visto su cumplimiento:

«Los que sembraron con lágrimas, con regocijo segarán». (Salmo 126:5)

Oración

Mi buen Dios:
Nada de lo que he vivido se escapa de tu gran y dulce
amor. Mi vida es tuya. Mi vida te pertenece. El que-
brantamiento se asoma en mi existencia. Al tocar a
la puerta de mi alma el dolor emocional, decido con-
fiar en ti. Cuando la tristeza quiere ahogarme, decido
sustituirla por tu incomparable paz. En tus podero-
sos brazos me acojo a la riqueza del consuelo y a la
restauración que solo tú sabes dar. En ti puedo ser
fuerte en medio de la debilidad. En tus manos me
siento segura ante cualquier circunstancia, y navego
por inmensos mares de victoria por encima de todo.
En el poderoso nombre de Jesús, amén.

Afirmaciones

Te invito a que hagas tuyas las siguientes declaraciones:

- Renuncio a todo pensamiento de duelo que me agobia.
- Tengo el poder, por medio de Cristo, de enfocarme en las ganancias que se obtienen en las pérdidas.
- Estoy agradecida porque Dios trasforma el lamento en baile.
- Mi relación con el Señor hace que pueda tener consuelo y fortaleza en medio de cualquier situación.
- El dolor no es un lugar de permanencia, sino de trascendencia.
- Me deleito haciendo un inventario de todas las cosas que puedo aprender en medio del dolor emocional.
- Estoy agradecida porque el día de la resurrección llegará.

Tus propias afirmaciones

_____

_____

_____

_____

_____

_____

Ejercicios

1. María fue valiente para que la voluntad de Dios se cumpliera a través de su vida. En tu caso, ¿cómo te evalúas en esta virtud?

_____

_____

_____

_____

_____

2. Completa la siguiente oración:
   El amor de Dios es mi fuerza, mi protección y mi escudo ante:

_____

_____

_____

_____

3. Dedica unos minutos para estar en quietud y silencio. Pídele al Señor que te lleve a los pasillos más recónditos de tu interior para contestar la siguiente pregunta: ¿Habrá algo de los desafíos o las pérdidas que he atravesado en mi vida que yo no he podido superar en realidad?

_____

_____

_____

_____

_____

4. Te invito a utilizar la terapia literaria. Escribe una carta para llevar a cabo un cierre emocional ante el dolor.

_____

_____

_____

_____

_____

_____

_____

_____

_____

_____

Capítulo 6

Marta y María: las hermanas de Lázaro

Distintas en temperamento, devotas por igual a Jesús

> *«Mientras iba de camino con sus discípulos, Jesús entró en una aldea, y una mujer llamada Marta lo recibió en su casa. Tenía ella una hermana llamada María que, sentada a los pies del Señor, escuchaba lo que él decía. Marta, por su parte, se sentía abrumada porque tenía mucho que hacer».*

Lucas 10:38-40, NVI®

Nos adentramos en el perfil emocional y espiritual de dos mujeres extraordinarias. Son muy distintas en el temperamento y es fascinante ver cómo fue la intervención de nuestro amado Señor Jesús con ellas. A pesar del antagonismo en sus caracteres, te mostramos a estas hermanas juntas en el mismo capítulo, pues la Biblia las presenta siempre así. Por otra parte, más allá de sus diferencias, tenían algo en común muy importante: amaban al Señor.

Marta, María y Lázaro eran amigos de Jesús. Vivían en Betania, una pequeña aldea que está bastante cerca de Jerusalén. La Biblia no hace mención de que alguno de ellos estuviera casado, así que se supone que Marta, así como María y Lázaro, eran solteros. Vivían juntos y no se da ninguna pista de cuáles podían ser sus edades.

Al Señor le gustaba visitarlos y se entiende que en varias ocasiones llegó a pernoctar en su casa, ya que Betania era un lugar de escala frecuente en sus viajes a Judea. En la interacción del Señor con ellos, notamos que les daba consejos para la vida práctica, como lo haría un hermano mayor a jóvenes que van a entrar a la madurez.

Según encontramos en los Evangelios, Jesús los visitó por lo menos en tres oportunidades cruciales. Fue evidente que el Señor sentía un amor muy especial por estos hermanos y que tenía una relación de confianza con ellos (lee Juan 11:5). Todos necesitamos ese tipo de relaciones en nuestra vida y el Señor, en su experiencia humana, no fue la excepción. Somos seres gregarios por naturaleza y necesitamos la interacción social para llenar necesidades emocionales como el amor, el afecto, el apoyo y el acompañamiento.

Por lo que está registrado en la Biblia, no podemos conocer la forma en que Jesús conoció a esta familia. Lo cierto es que como ministros tenemos la oportunidad de conocer personas muy bellas con quienes desarrollamos relaciones de amistad y llegamos a ser como familia. Es muy probable que estos hermanos fueran de esas personas que seguían a Jesús en su ministerio, se mostraron hospitalarios con Él, y desarrollaron esta relación de conexión y profunda amistad.

El contraste entre Marta y María

La hospitalidad son características evidentes en Marta y María, pero manifestada de forma distinta. En Marta vemos una mujer estructurada, organizada y metódica, lo que la hacía una anfitriona meticulosa. El hecho de que siempre se le llame a este hogar «la casa de Marta», nos indica que ella era la hermana mayor. Esto me resulta interesante, pues estas características que vemos en su personalidad las veo muy a menudo en las terapias de familia dentro del perfil de los hermanos mayores.

Estas hermanas eran muy opuestas en su forma de ser. Sus diferencias tenían que ver sobre todo con el contraste en sus temperamentos. ¿Qué es el temperamento? Son las diferencias individuales en cuanto a reacciones y emociones que tienen un impacto en cómo nos relacionamos con nosotros mismos y con los demás. Es hereditario; es decir, viene en la genética. Sin embargo, aunque se hereda, siempre tendremos la oportunidad, si así lo decidimos, de trabajar con esas partes del temperamento que debemos modificar para ser más felices, tener paz y contribuir a la felicidad de quienes nos rodean.

Marta

Evalúo a Marta como una mujer de temperamento colérico. Las personas que tienen este temperamento son muy inteligentes y aman en profundidad. Son fuertes de carácter. Presentan una tendencia al pobre control de sus impulsos. Son dominantes, determinadas, confiadas y líderes por naturaleza. Muestran un carácter competitivo y tienen el interés de ser el centro de atención. Por lo general, pueden involucrarse en discusiones, debido a que son impulsivas y con pobres niveles de paciencia. ¿Cuáles son las características del temperamento colérico que deben modificarse?

En los aspectos que más trabajo en mi oficina con personas de temperamento colérico son:

- El manejo eficiente del coraje.
- El control de la agresividad.
- El desarrollo de la paciencia.

María

A María la evalúo más dentro del temperamento melancólico. Las personas de temperamento melancólico son reflexivas, bien sensibles, les encanta el silencio, tienen una gran capacidad de análisis, son intuitivas, perfeccionistas, introvertidas y no le interesa el reconocimiento. Son personas observadoras y metódicas. Aprender es importante para ellas. Entregadas a sus proyectos. La parte artística suelen tenerla bastante desarrollada, por eso muchas de ellas en sus funciones espirituales son adoradoras.

Las particularidades a mejorar en una persona de temperamento melancólico son:

- La asertividad en la comunicación; o sea, decir cómo se sienten y lo que necesitan.
- El fortalecimiento de la autoestima.
- El cuidado personal de las emociones, pues pueden tener una tendencia a padecer episodios depresivos.

Es necesario que haya mujeres de diferentes temperamentos, dado a que cada una de nosotras tiene una función distinta. También es importante destacar que no hay temperamentos mejores que otros, solo es que somos distintos. Me resulta interesante el hecho de que si el temperamento es algo con lo que se nace, y Dios es quien nos forma en el vientre de nuestras madres, su voluntad es que tengamos el temperamento con el que nos creó para el cumplimiento de sus planes. Mi hermana constantemente bromea conmigo y me dice: «Tu eres María y yo soy Marta». A lo que siempre le respondo: «Ambas son necesarias». Lo que sí debemos notar, como ya mencionamos, son esas características en el temperamento que se pueden trabajar, a fin de convertirnos en mejores personas, dado a que todo puede modificarse para bien.

En casa de Marta y María

¿Cuáles son los relatos que están en la Biblia sobre estas dos hermanas? Encontramos un conflicto que hubo entre las dos hermanas. Puede ser que en algún momento hayas tenido una diferencia de criterio con uno de tus hermanos, pues quiero que sepas que aquí aparece un ejemplo. En Lucas 10:38-42 aparece un conflicto no muy grande entre Marta y María en cuanto a cómo es mejor servir al Señor y demostrarle el amor. Esta experiencia es la primera que aparece en los Evangelios sobre ellas.

Marta estaba afanada y de seguro apurada. Como anfitriona, hacía todo lo posible para que su amado invitado estuviera bien servido. Mientras que María, por otra parte, eligió sentarse a los pies de Jesús para escucharlo mientras enseñaba.

Nos podemos imaginar cómo Marta pudo haberse sentido. Tal vez se sintiera irritada, frustrada, drenada y resentida. ¿Por qué tendría que hacer todo el trabajo? ¿No era justo que María le ayudase? Marta le dijo a Jesús:

Señor, ¿no te da cuidado que mi hermana me deje servir sola? Dile, pues, que me ayude. (Lucas 10:40)

La respuesta del Señor a Marta fue una gran lección para ella y también lo puede ser para algunas de nosotras:

Marta, Marta, afanada y turbada estás con muchas cosas. Pero solo una cosa es necesaria; y María ha escogido la buena parte, la cual no le será quitada. (Lucas 10:41-42)

¡Muchas personas pueden caer en la misma trampa que Marta! Podemos estar tan preocupadas por lo que vemos como comportamientos negativos en los demás que comenzamos a juzgarlos por no hacer las cosas como las hacemos nosotras debido a que pensamos que nuestra forma es la adecuada.

Como mujeres, por la multiplicidad de papeles y las demandas del ambiente, nos puede resultar fácil enfocarnos en todas las cosas que necesitamos hacer. Son muchas las mujeres que tienen su agenda tan llena que pierden el equilibrio de sus vidas. Incluso, puede ser que el trabajo ministerial, como le ocurrió a Marta en su servicio a Jesús, las tenga demasiado afanadas. Esto nos puede llevar a que perdamos de vista lo más importante. No debemos olvidar el cuidado personal, los pasatiempos y el tiempo de calidad en nuestro matrimonio y con la familia, así como también tomar nuestro espacio de intimidad con el Señor en nuestra vida devocional.

María entendió que necesitaba aprender más de su Maestro y buscar las cosas que tienen valor eterno. Cuando hacemos eso, podemos ser de bendición tanto para nosotras mismas como para los demás. De ese modo, el Espíritu Santo impulsa todas nuestras obras. El tiempo que pasamos a los pies de Jesús es lo que marca una gran diferencia en nuestras vidas. ¡Vamos a liberarnos del afán!

El afán produce ansiedad y miedo. Nos desanima, y si nos descuidamos, la sobrecarga nos puede conducir a una depresión. Produce un agotamiento físico y emocional que nos puede traer problemas en diferentes aspectos como lo son las enfermedades físicas y situaciones en nuestras relaciones interpersonales. Nos puede robar el gozo y la paz. Una de las cosas más peligrosas, y es lo que tal parece que le sucedió a Marta, es que corta nuestra comunión con el Señor para estar a sus pies y disfrutar lo mejor.

Vivimos en un mundo donde las cosas se ponen cada vez más difíciles y hay más exigencias. Día a día nos debemos percatar de que nuestras fuerzas se pueden ir desgastando si vivimos en afán y en ansiedad. Lo que provoca un estilo de vida en el que nos involucramos en demasiadas cosas es que nos agotamos, nos estresamos y no logramos los resultados que deseamos abriéndole la puerta a la frustración. Procuremos el equilibrio.

Te presento el testimonio de una de las colaboradoras en el ministerio. Estoy segura que te identificarás con más de una cosa. Mientras lo lees, te exhorto a que vayas haciendo una evaluación de ti misma y, sobre todo, que observes las estrategias que utilizó para superar la ansiedad y el afán.

«Yo podría ser Marta, la hermana de María y de Lázaro»

La ansiedad pesa. Es un camino duro, muy agotador y de alerta continua. Asimismo, le pesa a la vida, a la mente y al corazón. La compresión del pecho es una constante sensación. Lo sé, lo viví.

Entonces, me dije: «No sé qué hacer, estoy preocupada, no puedo respirar bien, mi pecho se aprieta y siento que pronto moriré. Eso es, debo estar a punto de morir, tengo que ir al hospital». Después de los exámenes médicos llegó el doctor. «Nunca he visto un corazón tan sano y una presión sanguínea que parece sacada de un libro de salud. Tu corazón está muy bien, ¿qué te sucede?», me preguntó el médico. «Ay doctor, son tantas cosas...». Después, solo supe llorar. Estaba exhausta en mi mente, alma y espíritu.

Así me inicié en un mundo desconocido para mí: la ansiedad. No sabía cómo era, ni qué la provocaba y tampoco la busqué. El divorcio, la muerte de mi madre y una enfermedad inesperada, llegaron de la mano en menos de tres meses. Sentí que se pusieron de acuerdo para quitarme la respiración, ¡y lo lograron! De esta forma conocí cara a cara el miedo. Era frío, solitario, sin misericordia y gigante; o al menos, yo lo veía así.

Mientras me adaptaba a una nueva vida tras el divorcio, despedí a mi mamá en la cama de un hospital mientras llegaba el temor a la muerte. Además, al cabo de un tiempo también supe que el virus que me diagnosticaron había dejado personas postradas por mucho tiempo. ¿Cuánto quedaba de mí para lidiar con todo esto? ¡No lo sé! Por otra parte, me aferraba a vivir, pues había aprendido a no dejarme vencer. *Seguí adelante, aunque muchas veces no sabía cuál sería el próximo paso y mucho menos mi destino. Mirando al pasado, sé que Dios estuvo allí y entró en mi caos.*

«Debo poner de mi parte, esto es clave», me dije. Comencé a educarme acerca de la ansiedad, aprender de qué se trataba, qué sucedía en el cuerpo y la mente, y cómo se podía salir. En primer lugar, tuve que entender que estaba en medio de un proceso de pérdida que debía asimilar. Era necesario atravesar esas épocas donde las preguntas son más que las respuestas. Sin saberlo, Dios me guiaba a comprenderme y a darme el espacio de procesar la partida de alguien que amaba profundamente. Dios me adiestraba para ser una piloto de tormentas, a fin de llegar confiada, sana y feliz a mi destino.

Me dispuse a buscar la ayuda necesaria con el compromiso de seguir adelante; y algunas veces también descansaba de todo. Cuidé mi cuerpo con alimentación sana y de vez en cuando me daba un gustito, ¿por qué no? Después de todo, el cuerpo estaba viviendo los embates de la ansiedad, la pérdida y el miedo.

Admiro la clase médica. Un médico cardiólogo fue quien reconoció la necesidad de mi alma. Después de examinar mi corazón con todos los aparatos posibles, me dijo unas palabras que nunca olvidaré: «Tu corazón está excelente y estoy muy contento por eso. Ahora necesitas buscar a Dios». Confieso que me fascina la forma poco convencional que a veces el Señor usa para alcanzarnos. Sí, Dios te alcanza donde estés. Unos años más tarde regresé a ver al médico para decirle que seguí su consejo y para darle mi más profundo agradecimiento. Siempre me maravilló el ingenio del Señor de encontrarse conmigo a través de

un profesional con bata blanca y estetoscopio alrede-
dor del cuello.

Lo tenía claro, seguiría luchando para superar
la ansiedad. Sin embargo, esta vez con recursos dis-
tintos. ¿Todo ha sido color de rosa? No. Años más
tarde enfrenté un diagnóstico de esterilidad, ya que
mis óvulos se habían terminado antes de tiempo,
pues era muy joven aún. Enfrenté a un Goliat que
no sabía cómo derribar y, lo que es peor, no sabía
si el resultado de la guerra sería ganar o volvería a
perder. La ansiedad, el miedo y la impotencia eran
muy grandes, pero no quería resignarme al «no se
puede». De alguna forma pensaba que la historia
terminaría diferente. En ese tiempo, llegué a evi-
tar celebraciones del Día de las Madres y, al mismo
tiempo, me aferraba a creer cada palabra de ánimo
que recibía.

La ansiedad llegaba en forma de temor para des-
ilusionarme. Pareciera que la ansiedad es un intento
de controlar el resultado, que después comprendí que
se me escapaba de las manos. Esta vez gané en una
forma diferente. Sin saberlo, experimenté la multi-
forme gracia de Dios. Cada anhelo se ha cumplido en
una forma distinta. Los «te amo» más especiales los
he recibido de vocecitas pequeñas con pies diminu-
tos. La ansiedad fue cediendo, la sanidad de mi alma
llegaba a pesar de esa y otras tormentas. Y también
llegaba el Sanador.

¡Decisiones! En el camino he aprendido que el
compromiso es clave para el progreso. A veces la
ansiedad llega en forma de decisiones que hay que
tomar, puertas que debemos cerrar y otras que te-
nemos la responsabilidad de abrir. He experimen-
tado alivio al reconocer que hay personas, lugares
o situaciones que llegan a nuestra vida solo por un

tiempo y con un propósito. Algunas se van por sí solas y a otras hay que ayudarlas a salir mediante un acto de amor propio.

¡Ay, la perfección! Pienso que de alguna forma inconsciente la ansiedad se disfraza del intento de ser perfecta. Pienso que somos valientes quienes buscamos proyectarnos a la vida para ser nuestra mejor versión. Sin embargo, esto no puede ser al costo de nosotras mismas. Pienso que la ansiedad aumenta al intentar cumplir exigencias irrazonables de otras personas y al cargar hipotecas emocionales que nos imponen sin nuestro consentimiento. La frase «nadie es perfecto» parece estar gastada, pero es muy cierta. Decir «no» es una gran habilidad. En estos procesos me pulí en varias de estas destrezas.

Pienso en Marta, la hermana de Lázaro. Reflexiono en su esfuerzo para que la casa estuviera impecable y a la altura de la visita que recibiría. Después de todo, ¡la visita era Jesús! Me la imagino con su mente organizada, la lista de cosas por terminar y la excelencia de producir resultados visibles. Veo a Marta y veo liderazgo. ¡Qué maravillosa era Marta! No obstante, pienso que corría el peligro de perderse a sí misma en la ansiedad y el afán. Y más que eso, perdía de vista a Jesús estando tan cerca en su propia casa. Creo que Jesús quería enseñarle a Marta y mostrarnos a nosotras un camino más alto que nos acercara más a Él.

Han pasado años desde esos eventos y he comprendido que Jesús también está en casa cuando la vida nos demanda mucho. Las mujeres de hoy tenemos múltiples papeles y no por eso estamos menos cerca de Él. Al contrario, ya Jesús nos mostró que estar junto a Él es escoger la mejor parte, y no nos será quitada. ¡Así es su amor!

Ha sido un viaje interesante, humano, de aciertos y desaciertos. Cuando me equivoque, empezaré de nuevo; y ahí estará el Consolador lleno de su gracia. ¡Creo que hay que vivir con sueños y trabajar por ellos! Creer y hacer es una combinación poderosa en contra de la ansiedad.

Jesús nos dijo que su carga es liviana. La ansiedad es una carga, viajemos sin peso. Hoy camino confiada.

Indicadores que muestran que vives afanada

Cuando seguimos de cerca a Marta, vemos la manifestación de una serie de indicadores que son comunes a los que enfrentamos nosotras en la actualidad. Estos indicadores se traducen en temores, fracasos, problemas, responsabilidades, seguridad, protección, etc. En un análisis más de cerca, vemos que los afanes se presentan de la siguiente manera:

* Ansiedad
* Obsesión con el perfeccionismo
* Deseo de agradar a todo el mundo
* Anhelo por la aprobación continua
* Deseos de salir corriendo
* Dificultad para dormir
* Frustración desmedida cuando se falla en algo
* Comer de manera compulsiva o inapetencia
* Necesidad de controlarlo todo
* Sensación de que te estás ahogando o asfixiando
* Alteración en los ritmos cardíacos sin que se deban a problemas médicos
* Sudoración no debida al calor
* Nauseas, diarreas, estreñimiento y otros problemas estomacales
* Dolor en el pecho

- Mareos
- Dolor de cabeza
- Sensación constante de agotamiento
- Opresión en la garganta
- No descansas
- Dejas de disfrutar actividades que antes eran placenteras
- Negocias el tiempo de pareja y de familia, y se sustituye por trabajo
- Ya no haces nada para ti

Cómo podemos vencer el afán

En la sociedad actual, no nos sorprende ver la cantidad de personas que viven ansiosas, preocupadas y angustiadas. ¡Y nosotras las mujeres no somos la excepción! Por eso se necesita con urgencia poner en práctica lo que nos enseña la Palabra para combatir estos males y salir vencedoras. Aquí tienes una serie de consejos que te serán muy útiles:

- **Entrégale tus cargas al Señor:** Jesús nos invita a que, si estamos cargadas y afanadas, Él nos hará descansar. En intimidad con el Señor recibimos paz y también dirección sobre todo lo que debemos soltar.
- **Establece prioridades:** Puedes identificar un orden saludable, como por ejemplo: Dios, autocuidado, familia, ministerio, tareas y otras. Esto te ayudará a eliminar actividades en tu vida que no te suman nada. Debes evaluar con seriedad todo lo que te robe la paz y, a continuación, considerar si debe ser parte de tu agenda.
- **Haz cosas divertidas que te generen felicidad:** ¿Hace cuánto tiempo que no llevas a cabo una actividad solo para ti? ¿Hace cuánto tiempo no sales con

tus amigas? ¿Hace cuánto tiempo no sales con tu familia a cenar o a pasar un fin de semana agradable? ¡Disfruta la vida! La monotonía y la rutina te alejan de lo nuevo que Dios tiene para ti.

- **Renueva tus pensamientos a través del filtro de la Palabra de Dios:** Los afanes te roban el tiempo para limitar el tiempo de oración y de estudio de la Palabra. Cuando sucede esto, entramos en crisis espiritual, y nos apartamos de Dios sin darnos cuenta. Haz todo lo posible por no enfriarte espiritualmente.
- **Haz ejercicio físico:** Se ha estudiado los efectos que el ejercicio físico tiene sobre la ansiedad. Así que muy bien puede ayudarnos a reestructurar en nuestra mente el afán, dado a que mientras hacemos ejercicios, nuestro cerebro se organiza. Sugiero que el tiempo de ejercicio también se utilice para orar, y reflexionar sobre la Biblia y las promesas del Señor.
- **Elimina cosas de tu vida que no te dan resultado:** Identifica todo lo que se apodera de tu tiempo, en especial las cosas a las que les damos prioridad, pero que no nos suman en nada. Un ejemplo de esto es hacerte adicta a la tecnología o a la televisión. Cuando eliminamos estas cosas, nos damos cuenta de que el tiempo nos da para lo que sí importa.
- **Termina lo que empiezas:** No procrastines; o sea, no dejes para después lo que puedas hacer ahora. Esto hará que aumente tu autoeficacia y tu sentimiento de dominio de la situación. Si no completas lo que empiezas, el afán continuará en tu mente por lo que sigue pendiente.
- **Aprende a decir que no:** Establece límites saludables. No debes decirles que sí a todos siempre. Eres un ser humano y no una máquina. Es imposible rescatar a las personas que nos rodean de cada una de sus situaciones.

Jesús llega a tiempo

Me encanta esta narración bíblica y es una de mis favoritas para predicar, pues aquí vemos la gloria de Dios con toda nitidez, así como la manifestación de la compasión del Señor. Se nos relata en el Evangelio de Juan:

Habiendo dicho esto, fue y llamó a María su hermana, diciéndole en secreto: El Maestro está aquí y te llama. Ella, cuando lo oyó, se levantó de prisa y vino a él. Jesús todavía no había entrado en la aldea, sino que estaba en el lugar donde Marta le había encontrado. Entonces los judíos que estaban en casa con ella y la consolaban, cuando vieron que María se había levantado de prisa y había salido, la siguieron, diciendo: Va al sepulcro a llorar allí. María, cuando llegó a donde estaba Jesús, al verle, se postró a sus pies, diciéndole: Señor, si hubieses estado aquí, no habría muerto mi hermano. Jesús entonces, al verla llorando, y a los judíos que la acompañaban, también llorando, se estremeció en espíritu y se conmovió, y dijo: ¿Dónde le pusisteis? Le dijeron: Señor, ven y ve. Jesús lloró. Dijeron entonces los judíos: Mirad cómo le amaba. Y algunos de ellos dijeron: ¿No podía este, que abrió los ojos al ciego, haber hecho también que Lázaro no muriera?

Jesús, profundamente conmovido otra vez, vino al sepulcro. Era una cueva, y tenía una piedra puesta encima. Dijo Jesús: Quitad la piedra. Marta, la hermana del que había muerto, le dijo: Señor, hiede ya, porque es de cuatro días. Jesús le dijo: ¿No te he dicho que si crees, verás la gloria de Dios? Entonces quitaron la piedra de donde había sido puesto el muerto. Y Jesús, alzando los ojos a lo alto, dijo: Padre, gracias te doy por haberme oído. Yo sabía que siempre me oyes; pero lo dije por causa de la multitud que está alrededor, para que crean que tú me has enviado. Y habiendo dicho esto, clamó a gran voz: ¡Lázaro, ven fuera! Y el que había muerto salió, atadas las manos y los pies con vendas, y el rostro envuelto en un sudario. Jesús les dijo: Desatadle, y dejadle ir. (Juan 11:28-44)

Marta y María conocían a la perfección el poder del Señor para sanar. Así que cuando su hermano Lázaro enferma, mandan a buscar a Jesús enviándoles el mensaje de que, a quien Él amaba, estaba enfermo. Entonces, cuando el Señor escuchó esto, dijo:

Esta enfermedad no es para muerte, sino para la gloria de Dios, para que el Hijo de Dios sea glorificado por ella. (Juan 11:4)

Jesús se queda dos días más donde estaba y Lázaro muere. No sé si alguna vez te ha ocurrido que necesitas que el Señor llegue a tu necesidad, a tu casa o a la crisis, pero no llega en el momento justo que querías que lo hiciera. Entonces, uno puede creer que Jesús nos abandonó o que llegará tarde. Hoy te recuerdo que el Señor nunca falla, nunca te ha dejado y nunca tiene tardanzas. ¡Siempre llega a tiempo para que se manifieste su gloria! Cuando por fin Jesús llega a donde vivían sus amigos, ocurrió algo que me resulta muy interesante como profesional de la conducta humana. Veamos lo que dice la Palabra:

Entonces Marta, cuando oyó que Jesús venía, salió a encontrarle; pero María se quedó en casa. (Juan 11:20)

En esta escena podemos ver con claridad los rasgos del temperamento de cada una. Marta, la colérica, le salió al encuentro a Jesús cuando llega después que Lázaro

llevaba cuatro días de muerto. Me imagino a Marta corriendo hacia Jesús cuando se dirigía hacia la aldea y de
inmediato le hace el reclamo:

*Señor, si hubieses estado aquí, mi hermano no habría
muerto.* (Juan 11:21)

El hecho de que mientras esto sucedía María perma-
neciera sin salir de la casa, nos pone en referencia de
cómo las personas de temperamento melancólico ma-
nejan las situaciones de dolor emocional. Tienen una
tendencia hacia la depresión, el aislamiento y a tragarse
las emociones que sienten. Después de su corto encuentro con el Señor, Marta fue a buscar a su hermana, María:

[Marta] *fue y llamó a María su hermana, diciéndole en secreto: El Maestro está aquí y te llama.*
(Juan 11:28)

En las palabras de Marta percibo un tono de victoria
en una atmósfera de alivio, como cuando uno puede ex-
clamar: «¡El Señor está aquí! ¡Llegó Jesús!». Las hermanas
sabían que con la presencia de Jesús todo sería diferente.
Cuando Jesús llega a las escenas de nuestras humanas situaciones, todo pronóstico puede cambiar. Las pérdidas
se convierten en ganancias y aun la muerte se transforma
en vida. En el momento en que María recibió la noticia
de que Jesús estaba allí y que quería verla, se levantó en-
seguida y fue a verlo (lee Juan 11:29). Me la imagino a la
expectativa y pensando: «Llegó Jesús, llegó el poder, llegó
el milagro». La Biblia dice:

*María, cuando llegó a donde estaba Jesús, al verle, se
postró a sus pies.* (Juan 11:32)

Nos resulta difícil pensar en María en una posición diferente que no fuera a los pies de Jesús. Antes, ya la vimos a sus pies escuchando sus enseñanzas (lee Lucas 10:39). Ahora volvemos a verla otra vez a sus pies, de seguro que buscando consuelo. ¡Qué gloriosa experiencia es que nos consuelen a los pies del Señor! Más adelante, la veremos de nuevo a los pies de Jesús ungiéndolos con un perfume de gran precio en un acto de adoración (lee Juan 12:3).

La empatía y el propósito de Jesús

El terapeuta de los terapeutas es Jesús. Él siempre permitía que la gente ventilara sus sentimientos y expresara el dolor del alma. ¡Esto es una muy famosa estrategia de sanidad interior! Era necesario que María expresara todo lo que había en su corazón, algo que hizo con toda confianza y que fueron palabras casi idénticas a las que dijo Marta:

Señor, si hubieses estado aquí, no habría muerto mi hermano. (Juan 11:32)

Me impresiona también esto en cuanto al perfil psicológico de Marta y de María, pues aunque eran distintas en el temperamento y su reacción ante la pérdida fue en un estilo diferente, sus palabras nos ponen en perspectiva que todos ante el dolor emocional podemos tener reclamos muy parecidos delante del Señor.

Tanto Marta como María habían depositado todas sus esperanzas en la llegada de Jesús ante su situación. Ambas habían confiado en que su presencia salvaría la vida de su hermano, y es muy probable que ambas se hubieran sentido amargamente decepcionadas cuando Él no acudió a su llamado. Así que tenían la necesidad de expresar su dolor con franqueza ante el Señor. ¡Qué bueno es saber que podemos hacer esto sin temor a que nos juzguen! Por lo tanto, nos escucharán y validarán en nuestro dolor.

Estoy segura de que este fue un momento profundamente conmovedor para el Señor. Él amaba a estos tres hermanos, pero no había podido hacer lo que esperaban de Él debido a que sus planes eran otros muy superiores. El Señor entendía muy bien su dolor y lo sentía en lo más profundo de su ser, pues los amaba. El evangelista nos relata lo siguiente:

Jesús entonces, al verla llorando, y a los judíos que la acompañaban, también llorando, se estremeció en espíritu y se conmovió. (Juan 11:33)

El Señor no era, ni es, indiferente a nuestros sufrimientos, sean los que sean. Por lo tanto, en su compasión, la Biblia nos dice: «Jesús lloró» (Juan 11:35). Esas fueron las lágrimas de quien fue empático. ¡Nuestro precioso Jesús lleno de compasión y amor!

Después de esto, Jesús fue con las hermanas y las demás personas que les acompañaban hasta el lugar en el que sepultaron a Lázaro: «Era una cueva, y tenía una piedra puesta encima» (Juan 11:38). Una vez que llegaron al lugar, y ante el asombro de todos, Jesús ordenó quitar la piedra que cubría la entrada. En ese momento, «Marta, la hermana del que había muerto, le dijo: Señor, hiede ya, porque es de cuatro días» (Juan 11:39).

La protesta de Marta era lógica para alguien con un temperamento colérico. Las personas coléricas siempre dicen lo que sienten y sin filtros. Además, quizá pensara que Jesús solo quería ver el lugar donde pusieron a su amigo y llorar ante su tumba. Abrir el sepulcro no tenía sentido, sobre todo porque la muerte tuvo lugar cuatro días antes y el proceso de descomposición ya había comenzado. Los coléricos siempre le buscan el sentido a las cosas porque son analíticos en gran medida.

Jesús le dijo: ¿No te he dicho que si crees, verás la gloria de Dios? (Juan 11:40)

Cuando usamos mucho el análisis, la lógica y el razonamiento, nuestra fe puede tambalearse. ¡El Señor quiso animarle con estas palabras y puede ser que tú las necesites también! Era importante que recordara todo lo que había escuchado de Jesús, pero más importante aún era que lo creyera, pues la fe es la clave para ver la gloria de Dios. Debemos notar que Jesús todavía no le había dicho a Marta lo que se proponía hacer. Así que su exhortación era a que tuviera fe en Él. La fe nos lleva a ver más allá de lo que nos dicen los sentidos.

Aunque la resurrección de Lázaro traería mucho gozo a su familia, el propósito principal era la manifestación de la gloria de Dios. Esto es algo que muy a menudo les repito a mis pacientes en terapia, sobre todo a los que me dicen que no entienden lo que Dios ha permitido que les suceda. Por lo tanto, les digo: «La historia no ha terminado. Todo lo que nos acontece es para que se manifieste la gloria de Dios».

Jesús, la resurrección y la vida

¿Qué te parece si juntas nos adentramos mentalmente en la escena? Vamos a imaginarnos la situación: Jesús se encuentra ante el sepulcro abierto y la multitud le rodea esperando con impaciencia lo que sucederá. Tal vez todos estuvieran preguntándose: «¿Lázaro resucitará?». Y en ese momento cuando todos le estaban mirando, el Señor se dirigió a su Padre en el cielo de manera solemne. Así que, alzando los ojos ante la multitud, expresó de forma audible unas poderosas palabras con la convicción de que Él siempre le escucha:

> *Y habiendo dicho esto, clamó a gran voz: ¡Lázaro, ven fuera!* (Juan 11:43)

Después de haber dado gracias al Padre, Jesús se dirigió a un muerto de cuatro días su cuerpo en descomposición y le ordenó que saliera fuera del sepulcro. La autoridad de Jesús tiene tal poder que puede llegar hasta el hoyo de la misma muerte:

> *Y el que había muerto salió, atadas las manos y los pies con vendas, y el rostro envuelto en un sudario. Jesús les dijo: Desatadle, y dejadle ir.* (Juan 11:44)

A causa de las vendas con las que le ataron, Lázaro tenía grandes dificultades para caminar en libertad. Entonces, Jesús ordenó que lo desataran, a fin de que resucitara. Eso es justo lo que nos hacen las ataduras: impedir que caminemos de la muerte hacia la vida. ¿De qué ataduras necesitas que te desaten en este instante? No permitas que nada te aprisione. No tengas indumentaria de muerta cuando Dios te diseñó para una vida abundante.

Sin duda, Jesús hizo el milagro en Lázaro, y les trajo a Marta y a María el consuelo que nadie más les había podido dar. Ya no había nada que reprocharle al Señor. Los días de sufrimiento habían valido la pena, porque su hermano estaba de nuevo a su lado. Lo que es mucho más importante, el Señor manifestó su gloria y todos llegaron a conocerle de una manera que de otro modo no habría sido posible.

¡El muerto regresa a la vida ante toda imposibilidad! ¿Por qué? Porque no hay nada que sea imposible para el

Señor cuando se trata de la manifestación de su gloria. Así que una vez más podemos decir que, incluso en circunstancias tan difíciles, todo obra para bien de quienes amamos a Dios (lee Romanos 8:28).

El acto de adoración de María

La gratitud y comprensión de María se revela en el último relato bíblico donde aparecen las hermanas. Se cuenta cómo María ungió los pies de Jesús con un costoso perfume y se los secó con sus cabellos. ¡Un gran acto de adoración de María! Esta acción suya me recuerda mi definición favorita de adoración: «Ir delante del Rey con la única intención de besar sus pies». Como mujer, se suponía que no se acercara a un rabí como lo era el Señor y realizara tal acto. Sin embargo, la gratitud en María y su anhelo de adorarlo con todo su ser rebasaron los paradigmas humanos.

Este acontecimiento ocurrió en la casa de «Simón, el leproso». A los leprosos se les consideraba impuros, por lo que debían alejarse de los lugares donde había mucha gente (lee Levítico 13). Puede ser que Simón fuera leproso antes y que Jesús lo sanara. Con toda probabilidad era un hombre acomodado de clase social alta. Allí estaban María, Marta, Lázaro y los discípulos, por lo que muchos infieren que los que estaban en ese lugar eran del grupo íntimo de Jesús. Alguna literatura establece que esa pudo haber sido una fiesta para Jesús en gratitud por haber resucitado a Lázaro.

Como adoradora, María sabía con exactitud cómo mostrarle su gratitud a Jesús. Su acción ungiendo a Jesús fue muy similar a otro hecho a principios del ministerio de Jesús (lee Lucas 7:36-50). En otra casa, con otras personas y bajo circunstancias distintas, una mujer, «que era pecadora», le ungió los pies a Jesús y se los secó con sus cabellos.

Es muy probable que Marta y María, debido a que eran sus seguidoras y sus amigas, supieron de este primer incidente. Además, conocían la lección que Jesús enseñó en esa oportunidad:

Por lo cual te digo que sus muchos pecados le son perdonados, porque amó mucho. (Lucas 7:47)

En este acto de adoración, María, la hermana de Lázaro, también le demostró a Jesús cuánto lo amaba. Jesús aceptó con agrado esta expresión en la que le adoró. Yo siempre me imagino al Señor recibiendo con deleite nuestra genuina adoración.

A continuación, te presento el escrito de una mujer que se identifica con María tanto en su estatus civil como en las circunstancias de pérdida. Una mujer a la que le encanta aprender sobre Jesús, dado a que es una estudiosa de la Biblia y la enseña. Es más, también es adoradora; o sea, vive a los pies del Señor. Creo que tú también podrías identificarte en algunas cosas con ella.

«Yo podría ser María, la hermana de Marta y Lázaro»

María y yo nos parecemos. Ella era soltera y sin hijos. Yo también tengo una hermana y un hermano que murió. Lo único que mi hermano no resucitó como Lázaro, aunque sabemos que sí lo hará en el día postrero.

Me gusta la casa de María, porque con todos los prejuicios que puede haber en nuestra sociedad, y más en la sociedad de María con los solteros, en esa casa había tres. Jesús llegó a esa casa, y allí estaban Marta y María.

María y yo nos parecemos mucho, pues ella tomó la decisión de sentarse a los pies de Jesús, en vez de hacer las tareas del hogar. Sin duda alguna, esa soy yo. Jesús halaga a María debido a que escogió la buena parte, la cual no se le quitaría. Pudo escoger servir como Marta, dar por hecha la presencia de Jesús en su casa, pero decidió sentarse a sus pies. Yo podría ser María, porque también crecí con Jesús en mi casa. Era lo habitual ver orar a mi mamá, ver las grandezas de Dios proveyendo en mi hogar, y ser testigo de ver a mi mamá ser sanada de su columna en mi casa. Muchas veces eso hace que nos familiaricemos con la presencia de Dios y la damos por sentada, pero María, a pesar de que Jesús visitaba con frecuencia su casa, no pasó por alto su presencia.

Yo podría ser María, pues al sentarse a los pies de Jesús, estaba haciendo un acto subversivo. Esa soy yo, la atrevida, la que cuando nadie quiere, aun con mis temores, ahí estoy yo. No era normal que una mujer se sentara a los pies de un maestro, aunque este fuera su amigo. María le estaba quitando el lugar a un hombre de poder sentarse a los pies del maestro.

Por un lado, Marta se enoja debido a que María no la ayuda y, de seguro, más de un hombre se habría enojado por estar quitándole su lugar. Definitivamente, yo podría ser María.

He estado en el ministerio desde jovencita, y uno que otro hombre ha pensado que le he quitado su lugar. Sin embargo, al igual que María, nada me ha impedido que me siente a los pies de Jesús y cumpla con el llamado que me ha hecho Dios.

Yo podría ser María, porque sabía que sentarse a los pies de Jesús implicaba hacerse su discípula. Las mujeres, en ese tiempo, tampoco podían ser discípulas. María, en cambio, tenía claro quién era a los pies de Jesús. Ser una discípula implicaba sufrir como su maestro, vivir como Él, llevar su cruz y seguirlo. Es evidente que seguir a Jesús no era el camino más fácil, pero era el de la sumisión a Dios.

Desde niña me gustaba estudiar la Palabra de Dios. Aunque mi bachillerato fue en psicología, cuando terminé Dios me llamó a estudiar su Palabra. Así que decidí hacer una maestría en teología pensando que ahí quedaría todo. No obstante, dos años después, Dios me dijo: «Vas a volver a estudiar». Acto seguido, solicité una segunda maestría en teología del Nuevo Testamento. Cuando terminé, Dios dijo: «Seguirás». Así que hice un doctorado en teología en Buenos Aires, Argentina.

Sí, yo podría ser María, una discípula, soltera, que se atreve a vivir el llamado de Dios sin esposo ni hijos, con la seguridad de que la parte de sentarme a escuchar lo que Jesús enseña es la mejor, pues nunca me la quitarán porque es eterna.

Me parece que una de las lecciones más grandes que podemos derivar en este capítulo es que debemos cuidarnos de la tentación de estar tan involucradas en las tareas del ministerio y de los afanes de la vida que nos olvidemos que la fe y la adoración deben tener siempre la prioridad sobre el trabajo. En estos tiempos tan acelerados y demandantes que vivimos, debemos cultivar más el espíritu de adoradora.

Marta y María nos conectan con una gran verdad: Dios usa a todo tipo de personas, con distintos temperamentos y caracteres diferentes. Él nos ha dotado de manera diversa por alguna razón, y no debemos despreciarnos unas a otras, ni mirar a los demás con desdén solo porque somos diferentes.

Marta fue una sensible y fuerte mujer con un corazón entregado, diligente, audaz y una extraordinaria capacidad de logística y servicio. María era noble, pacífica y con una inusual predisposición a la adoración, así como una gran sed de aprender y recibir de Jesús. Ambas cumplían una función importante en su amor por Jesús. Cada una de ellas nos hace reflexionar en nuestras propias esferas de fortaleza y en lo que debemos mejorar. De ambas aprendemos algo para nuestra propia vida.

Espero que el Espíritu Santo nos dirija a cada una de nosotras y cultivemos con diligencia las mejores cualidades de estas dos extraordinarias mujeres tan distintas en el temperamento, pero devotas por igual a Jesús.

Oración

Mi amado Señor:
Vengo delante de ti con mi mejor adoración. Derramo mi alma ante de ti. Te entrego mi corazón por completo. Todo mi ser rebosa de gratitud, ¡por eso te adoro! Hoy es como si derramara la totalidad del perfume a tus pies, pues tú lo mereces todo.

En medio de cualquier embate de la vida, concédeme la serenidad para adorarte y deleitarme en esa adoración. Sé que cuando te adoro, todo se transforma en mi mundo interior. Llena mi corazón de gozo por la gratitud de todas las bendiciones que me has dado. ¡Yo también he sido testigo de lo que resucitas! ¡He sido testigo de tus milagros! ¡He sido testigo de tus portentos!

Activo toda autoridad y poder sobre cualquier afán que me afecte y que no procede de ti. Me aferro a la paz y a la seguridad que vienen entrelazadas en la gloria de tu amor.
En el nombre poderoso de Jesús, amén.

Afirmaciones

Te invito a que hagas tuyas las siguientes declaraciones:

- Estoy agradecida y por eso te adoro.
- Mi vida está entregada a ti por completo.
- El mejor antídoto para el afán será confiar en las promesas del Señor y descansar en sus dulces brazos.
- Vivo día a día sin permitir que el afán y la ansiedad me dañen.
- Cuando sienta afán, sintonizaré mi alma con la paz de Dios.
- Me encuentro ligada a tu paz aun cuando el afán me haga sentir que me pierdo.
- Tu paz todo lo sobrepasa.

Tus propias afirmaciones

_____

_____

_____

_____

Ejercicios

1. ¿Hay cosas en estos momentos por las que te afanas? ¿Cuáles son?

   _____

   _____

2. ¿Qué fue lo que más te llamó la atención en este capítulo sobre el tema del afán?

   _____

   _____

3. ¿Qué promesas de la Biblia conoces que pueden ser un antídoto ante tu afán?

   _____

   _____

4. Jesús merece nuestra adoración. ¿Cómo puedes convertirte cada día más en una mejor adoradora de Jesucristo?

   _____

   _____

Capítulo 7

La mujer con flujo de sangre

Una mujer que lo desafió todo por fe

> «Al momento también Jesús se dio cuenta de que de él había salido poder, así que se volvió hacia la gente y preguntó:
>
> —¿Quién me ha tocado la ropa?
>
> —Ves que te apretuja la gente —le contestaron sus discípulos—, y aun así preguntas: "¿Quién me ha tocado?"».
>
> Marcos 5:30-31, NVI®

En la vida hay momentos muy hermosos y otros que nos desestabilizarán. Vivimos experiencias dulces y otras que representan un gran desafío. El propio Jesús enseña que mientras caminamos por esta interesante ruta llamada «vida terrenal», nos podemos encontrar con aflicciones (lee Juan 16:33). Estoy convencida de que todo lo que se nos permite atravesar genera un fruto glorioso. Creo firmemente en lo que dice este pasaje de la Biblia:

Ahora bien, sabemos que Dios dispone todas las cosas para el bien de quienes lo aman, los que han sido llamados de acuerdo a su propósito. (Romanos 8:28)

Uno de los retos que se nos puede hacer más difícil de afrontar es la pérdida de la salud. Particularmente por el hecho de que suele ser una situación que no está en nuestro total control y, para los seres humanos, las experiencias que están fuera de nuestro control pueden generar crisis. A través de los tiempos se nos ha enseñado que las crisis significan peligro, dolor, dificultades, pérdidas, riesgos, obstáculos y otras situaciones vivenciales relacionadas con este concepto desde una perspectiva negativa.

Una *crisis* es un cambio brusco o una modificación importante en el desarrollo de algún suceso, y esta puede ser tanto física como simbólica. No obstante, la raíz de esta palabra viene del sánscrito *skibh*, que significa cortar, separar, distinguir, asimilada por la voz griega *krisis*, decidir. La crisis crea una transformación en la persona que hace que la mente de la persona se sienta como si estuviera encarcelada, incapacitada y puede acarrear destrucción. En caso contrario, si la persona acecha a la crisis para sacarle provecho, se transformaría en una decisión a fin de buscar estrategias para una solución sabia al problema. Las crisis te pueden hacer pensar en responsabilidad y riesgo.

En su crisis vivencial, la mujer con flujo de sangre no se quedó entumecida, ni parada en su queja de dolor e inestabilidad, sino que tomó una decisión poniendo en acción la raíz de la palabra *krisis*, o sea, tomar una decisión que es movimiento. En el Evangelio de Lucas encontramos su historia:

> *Había entre la gente una mujer que hacía doce años que padecía de hemorragias,[a] sin que nadie pudiera sanarla. Ella se le acercó [DECISIÓN: MOVERSE] por detrás [a Jesús] y le tocó el borde del manto, y al instante cesó su hemorragia.*
> *—¿Quién me ha tocado? —preguntó Jesús.*
> *Como todos negaban haberlo tocado, Pedro le dijo:*
> *—Maestro, son multitudes las que te aprietan y te oprimen.*
> *—No, alguien me ha tocado —replicó Jesús—; yo sé que de mí ha salido poder.*
> *La mujer, al ver que no podía pasar inadvertida, se acercó temblando y se arrojó a sus pies. En presencia de toda la gente, contó por qué lo había tocado y cómo había sido sanada al instante.*
> *—Hija, tu fe te ha sanado —le dijo Jesús—. Vete en paz.* (Lucas 8:43-48, nvi®)

Hay diferentes cosas que podemos hacer para el bienestar de nuestro cuerpo y para la salud. Sin embargo, no todas las enfermedades son de nuestro total dominio. Hay enfermedades que nos puede tocar vivirlas, y no es que las busquemos y mucho menos que las merezcamos.

Cuando el mundo se nos viene encima

Te cuento que luego de pasar unos hermosos días de vacaciones como familia en las Navidades del año 2017, tanto mi esposo Luis Armando, como yo, le dimos seguimiento a unos estudios médicos que nos realizamos antes de salir de viaje. A nuestro regreso, fuimos a buscar los resultados. Debido a los resultados positivos de cáncer, la clínica donde nos realizaron la patología nos remitió a un oncólogo. Nunca podré olvidar el día en que ambos estuvimos en el consultorio de ese oncólogo.

Hacía dos años mi esposo había superado un cáncer de tiroides. En ese momento, los resultados reflejaban un sospechoso linfoma de Hodgkin, que es un tipo de cáncer que se origina en el tejido linfático y los órganos relacionados que forman parte del sistema inmunológico y del sistema productor de sangre del cuerpo. Además, identificaron dos tumores malignos cerca de la tráquea en etapa dos.

En mi caso, descubrieron seis tumores en la glándula tiroidea y el resultado de la biopsia es que eran cancerosos. El cáncer también había metastatizado y el tumor más grande estaba adherido al nervio reaccionario de la voz. Sí, mi esposo y yo recibimos diagnósticos de cáncer el mismo día, con todo lo que eso implica.

Damos gracias al Señor porque pudimos experimentar una paz sobrenatural. Esa que no se puede explicar en procesos como este y que parece una anestesia del cielo. Por encima de todo, decidimos creerle al Señor y a lo que dice la Palabra de Dios. Nos manteníamos en la fe de que, tal y como el Señor sanó antes a mi esposo, lo podía volver a hacer. Nos detuvimos en un acto consciente a hacer el ejercicio reflexivo de mirar hacia atrás y evaluar que el Dios que nos libró, salvó y rescató antes, lo haría de nuevo. Por supuesto, sometidos por encima de todas las cosas a su voluntad que es buena, agradable y perfecta (lee Romanos 12:2).

Mi esposo continuó haciéndose estudios y recibimos la buena noticia de que el sospechoso linfoma de Hodgkin no era de este tipo. Así que comenzamos a planificarnos con el médico cirujano, debido a que nos debían operar a los dos, a fin de remover los tumores cancerosos y luego someternos a terapia radiactiva. Mi esposo insistió en que me operaran a mí primero. Esto fue una demostración de amor y compasión muy hermosa de mi esposo. Ceder tiempo en el cáncer es sacrificio y le estaré eternamente agradecida por un acto como este. Le doy gloria a Dios, pues me dio un esposo que me demuestra amor de diferentes maneras. Sin embargo, este gesto en particular lo recordaré siempre como uno muy sublime debido a que fue sacrificar su propia vida.

Mi esposo salió muy bien de su operación, pero cuando me operaron a mí previamente, algo no salió como esperábamos. Resultó que había más cáncer de lo que creía el cirujano. Para el cirujano poder sacar el tumor que estaba adherido al nervio reaccionario de la voz, tuvo que pasar el bisturí por ese nervio. Entonces, me estaba enfrentando a una nueva noticia: ¡había perdido la voz!

Visité tres especialistas para explorar algún diagnóstico y pronóstico con respecto a la voz. Me hicieron diferentes estudios, incluyendo ver mis cuerdas vocales a través de una cámara. El resultado fue una parálisis de la cuerda vocal derecha. La voz prácticamente no me salía. Al hablar, me daba mucho cansancio, fatiga, asfixia y tenía problemas para tragar. Esto implicó un cambio dramático en mi vida, ya que dependo de la voz para casi todo lo que hago. Reconozco que tuve momentos de frustración y una sensación de inestabilidad.

Una noche, le abrí toda mi alma al Señor y le expuse cómo me sentía con lo que estábamos viviendo. Le dije que no quería que pasáramos por esa situación. Lloré y grité en su presencia; en ese extraordinario lugar al que podemos ir sin máscaras. En estos procesos, es muy necesario ventilar nuestras emociones, ya que aun si descansamos en la voluntad de Dios, en nuestra humanidad se presentan unas emociones que hay que dejar que fluyan. De ahí que sea peligroso y contraproducente almacenarlas y reprimirlas. Nuestro Señor lo hizo en el Getsemaní cuando su sudor era como grandes gotas de sangre que caían a tierra y su nivel de angustia era cada vez mayor (lee Lucas 22:39-46). ¡Esas emociones hay que dejarlas salir!

Cuando dependemos por completo de Dios

Nuestro Padre celestial desea escuchar tu voz, desea que te allegues a Él, que le cuentes tus problemas, que le digas cómo te sientes. Ventila, saca, expresa tus temores, tus dolores, tus ansiedades y habla con el que te creó, el que te redimió. Jesús está en la disposición de escucharte. Cuando ventilamos y expresamos nuestro estado emocional de los ánimos y sentimientos ante Dios, esto crea salud en tu cuerpo y en tu alma. Cuando ocultamos o no procesamos nuestros dolores, ansiedades y crisis, tu cuerpo y tu mente se debilitan y se afectan hasta llegar a una enfermedad o depresión existencial. Mujer de Dios, aprende a cerrar los ciclos de crisis, los ciclos del pasado que has acarreado por tanto tiempo. Es tiempo de tu liberación, es tiempo de ver el amanecer en tu vida y respirar salud como así lo desea tu Padre celestial, el Altísimo.

Este proceso en mi vida implicó una dependencia total del Espíritu Santo. Sin tener prácticamente voz, predicaba, daba consejería, hacía radio, reía y amaba. No cancelé nada en la agenda. Determiné que no me callaría, aunque no tuviera voz.

Un día, llegué bastante tarde en la noche a casa. Había estado todo el día ofreciendo servicios de terapia en el centro de consejería. Mi esposo y yo nos sentamos en la sala. Por haber estado todo el día trabajando y esforzándome, me salía solo un hilo de voz. Luis Armando me hablaba de lo que estábamos aprendiendo en el proceso. Todo cuanto vivimos es para aprender y es muy saludable identificar de manera consciente las lecciones.

De repente, comienzo a experimentar una extraña sensación en mi cuerpo. Sentía como una corriente eléctrica que entraba por mis hombros y viajaba por todo mi cuerpo. Entonces, le digo a mi esposo: «No entiendo lo que estoy sintiendo». Lo grandioso fue que comencé a hablar con claridad, en un tono de voz firme y fuerte. Empecé a repetir: «Gloria a Dios, gloria a Dios, gloria a Dios». Cada «gloria a Dios» se oía más alto. A partir de ese momento hasta el día de hoy, mi voz es estruendosa y clara. Siento que tengo una voz más aguda y más firme que la que tenía antes del diagnóstico. Todo lo que el Señor hace es perfecto.

Llegó el día en el que me harían la segunda operación. Al salir de la sala de operaciones y despertar fue maravilloso verme rodeada de seres queridos. Al otro día, temprano en la mañana, el cirujano fue a verme y todo lo que dijo fue poderoso. Lo primero que dijo fue que había logrado ver mis cuerdas vocales a través de un monitor y que las dos se estaban moviendo. El médico estaba certificando el milagro que el Señor hizo con la voz. Dijo también que su experiencia fue que, cuando abrió todo, comenzó a acomodarse. Se creía que yo podría llegar a estar entubada hasta tres días en cuidado intensivo, pero nada de eso fue necesario. Me indicó que mis niveles de calcio estaban más altos que cuando ingresé al hospital, lo que no es común, y me había sacado todo el cáncer.

Mi esposo y yo también pasamos por radioterapia después de las operaciones. Pasaron ocho meses del día en que ambos recibimos el diagnóstico y fuimos a la doctora de medicina nuclear para hacernos el estudio que refleja si había cáncer donde antes estuvo o si pasó a otras partes del cuerpo. Nos metieron en un cilindro, acostados por completo en forma horizontal. Quitarse la ropa y las prendas para pasar por ahí requiere valentía.

Mientras estoy sumergida dentro de esa gran máquina, noto que las cámaras que quedan sobre mi cabeza forman una cruz. Entonces di gracias al Padre celestial por Jesús, por una salvación tan grande, y porque por sus llagas hemos sido curados (lee Isaías 53:5). Cristo murió por nuestra salvación y también para vencer cada una de las enfermedades.

¡Hoy en un grito de victoria puedo afirmar que mi esposo y yo estamos totalmente libres de cáncer! Al volver la vista atrás, damos gracias por todo lo vivido y por todo lo aprendido. Fue una ruta de mucha revelación y de gran progreso espiritual.

Si estás atravesando alguna prueba de salud, ya sea en tu cuerpo o en tus emociones, te invito a no rendirte y a cada día renovarte en la fe. Dios es fiel, Él ha estado ahí.

Como parte del proceso tuve que visitar un neumólogo para darle seguimiento al asunto de mis cuerdas vocales. Le conté al médico sobre lo que estaba haciendo la ciencia, pero sobre todo lo que había hecho el Señor, pues la recuperación de mi voz fue un perfecto milagro. Le testifiqué que había vivido la misma experiencia de la mujer con flujo de sangre que aparece en la Biblia.

Esa que tuvo fe y que, al tocar el borde del manto de Jesús, el Cristo, recibió sanidad. ¡Cuánto disfruté de la reacción del médico cuando terminó de escucharme con atención hasta el final! Me dijo: «La entiendo perfectamente, porque yo soy cristiano».

Conoce a la mujer con flujo de sangre

Visité la ciudad de Capernaum y transitar por allí fue como trasportarme al momento en el que esa mujer de la Biblia actuó de forma muy decidida, arriesgada y determinada para encontrarse con el poder de Jesús. ¡Una mujer con la que me identifico mucho!

Era una mujer que por doce años padeció de hemorragias y que sufrió en gran medida a manos de varios médicos. Había gastado todo lo que tenía sin que le hubiera servido de nada, pues en vez de mejorar, iba de mal en peor (lee Marcos 5:25-26). Esto tuvo que haberla hecho sentir frustrada. Incluso, en algunos momentos la hizo sentir desmotivada, desgastada, ansiosa y, como es evidente, desesperada.

Debido a los doce años de sangramientos, los niveles de hemoglobina tuvieron que haberle bajado de manera significativa. Esto causa anemia, cansancio, desgaste físico, debilidad y agotamiento. Su apariencia debió ser de enferma, reflejándolo en la piel, en el cabello y las uñas.

Cuando la hemoglobina baja a esos puntos, se pueden afectar diferentes partes del cuerpo, como los órganos en general por la falta de oxigenación. El sangrado vaginal en una mujer, máxime cuando no es una menstruación regular que es lo observado en la mujer con flujo de sangre, es algo anormal. Esto puede deberse a varias causas, incluyendo fibromas, pólipos endometriales, infección y cáncer del útero, incluyendo cáncer de endometrio y cervical u otras condiciones. La enfermedad de la mujer con flujo de sangre pudo causarle también dolores de cabeza agudos, similares a la migraña, falta de respiración, agotamiento por fatiga al caminar, hablar, ejercitarse, agotamiento extremo constante, mareos, oídos que no paran de silbar agudamente, entre otros síntomas.

Imagínate a la mujer con flujo de sangre que por doce años vivió con una condición que provocaba que experimentara todos estos trastornos. Su nivel de fe, atrevimiento y desesperación era tan grande que Jesús sintió y dijo que virtud salió de Él cuando lo tocó una mujer tan «impura», según la sociedad. Aquí la impureza se convirtió en algo puro debido a que, al tocar el manto de Jesús, la virtud que salió de Él transformó lo despreciado en gloria de Dios. ¿Te atreverías a tocar el manto de Jesús?

Por causa de ser una mujer en constante menstruación no podía acercarse a nadie y nadie podía acercarse a ella. Mucho menos tener relaciones sexuales con su esposo, si era casada, con todo lo que esto implica. Podría ser que hasta tuvo esposo y la abandonara. Me pregunto, ¿le habrá sido infiel? No siempre es así, pero he atendido en la oficina casos donde por causa de una enfermedad ocurren infidelidades. Esto nunca debería ser de esta manera, pero lo lamentable es que sucede. Además, pudo haber tenido hijos y vivir separada de ellos. No podía acercarse a ninguna reunión religiosa ni de comunidad. Ningún líder religioso la podía visitar, ni apoyar. La Biblia destaca lo siguiente en el libro de Levítico:

Y no llegarás a la mujer para descubrir su desnudez mientras esté en su impureza menstrual.
(Levítico 18:19)

En el mismo libro de Levítico encontramos lo siguiente:

Cuando la mujer tuviere flujo de sangre, y su flu-
jo fuere en su cuerpo, siete días estará apartada; y
cualquiera que la tocare será inmundo hasta la no-
che. Todo aquello sobre lo que ella se acostare mien-
tras estuviere separada, será inmundo; también
todo aquello sobre lo que se sentare será inmundo. Y
cualquiera que tocare su cama, lavará sus vestidos,
y después de lavarse con agua, será inmundo hasta
la noche. También cualquiera que tocare cualquier
mueble sobre el que ella se hubiere sentado, lavará
sus vestidos; se lavará luego a sí mismo con agua, y
será inmundo hasta la noche. Y lo que estuviere sobre
la cama, o sobre la silla en que ella se hubiere senta-
do, el que lo tocare será inmundo hasta la noche. Si
alguno durmiere con ella, y su menstruo fuere sobre
él, será inmundo por siete días; y toda cama sobre la
que durmiere, será inmunda.

Y la mujer, cuando siguiere el flujo de su sangre
por muchos días fuera del tiempo de su costumbre, o
cuando tuviere flujo de sangre más de su costumbre,
todo el tiempo de su flujo será inmunda como en los
días de su costumbre. Toda cama en que durmiere
todo el tiempo de su flujo, le será como la cama de su
costumbre; y todo mueble sobre el que se sentare, será
inmundo, como la impureza de su costumbre. Cual-
quiera que tocare esas cosas será inmundo; y lavará
sus vestidos, y a sí mismo se lavará con agua, y será
inmundo hasta la noche. Y cuando fuere libre de su
flujo, contará siete días, y después será limpia. Y el oc-
tavo día tomará consigo dos tórtolas o dos palominos,
y los traerá al sacerdote, a la puerta del tabernáculo
de reunión; y el sacerdote hará del uno ofrenda por el
pecado [o sea, era vista como pecadora], y del otro

holocausto; y la purificará el sacerdote delante de
Jehová del flujo de su impureza. (Levítico 15:19-30)

¿Quién no ha necesitado un toque misericordioso
del Señor? De por sí, la mujer con hemorragia no podía
tocar a nadie, pues era «inmunda» según la ley. Ella se
le acercó por detrás y le tocó el borde del manto, y al
instante cesó su hemorragia. Entonces, Jesús preguntó
quién le había tocado y todos lo negaron. Pedro le dijo:
«Maestro, son multitudes las que te aprietan y te opri-
men» (Lucas 8:45, NVI®). Sin embargo, el Señor insistía
en que alguien lo había tocado, porque sintió el poder
que salió de Él. ¡La mujer con flujo de sangre le arrebató
un milagro a Jesús!

Esta mujer tocó a Jesús por la parte de atrás por el
temor de que la vieran y la reprendieran. Tal vez hasta
sintiera vergüenza también. Aun así, Jesús siempre nos
atiende debido a que nos ama. Para los hombres, ella
estaba como escondida, pues no la vieron. Para el Señor, en cambio, no pasó inadvertida. Como humanos, la
acción de «tocar» o «sentirnos tocados» nos hace seres
estimados, valorados y completos. He escuchado a muchas mujeres en mi oficina decirme que se sienten como
si fueran «un mueble», debido a que son invisibles para
su esposo, para sus hijos o para otras personas. Amada
mujer, Dios siempre te ve y te atiende.

En mi última peregrinación por Israel tuve una experiencia bien especial. Subí al Templo de la Roca, que es
un lugar sagrado musulmán. Me interesó llegar allí para
rodear la explanada del templo construido por Salomón. Es algo sublime poder contemplar desde ese lugar
el Monte de los Olivos, el camino de la entrada triunfal
de Jesús a Jerusalén y la Puerta Dorada, y reflexionar en
toda la implicación profética que tienen estos lugares en
cuanto a la venida de Cristo.

Ya de salida para ir caminando hacia Betesda, me encontré de frente a una musulmana con su burka, que es la vestimenta en la que están de negro cubiertas desde la cabeza hasta los pies, con solo una malla en el área de los ojos. A través de los diminutos agujeros sobresalían unos destellantes ojos azules en contraste con su tostada piel.

Estas personas pueden distinguir a los cristianos, así que me empeñé en darle a esa mujer una experiencia del «toque» de Jesús. En el momento en que quedamos más cerca la una de la otra, le sonreí de oreja a oreja, mostrándole hasta las últimas de mis muelas y me le quedé mirando con fijeza a los ojos. Yo sentía que todo sucedía en cámara lenta. Quería que yo, como inmerecida representante de Jesús en esta tierra, supiera que la estaba VIENDO. Entonces, sucedió lo más interesante. Ella bajo la cabeza con elegancia, la volvió a subir y me miró de manera penetrante. No me tuvo que decir nada. ¡Total, me lo hubiera dicho en árabe y no hubiera entendido una sola palabra! Sin embargo, no fue necesario. Sé lo que me dijo y esto fue: «Yo sé que me viste». Espero con todo mi corazón que todas las mujeres del mundo sepan que Jesús las ve y también quiere «tocarlas».

«Temblando de miedo»

El miedo es una emoción normal. Es más, Dios mismo lo puso en nosotras a fin de que nos podamos proteger. Por eso no debemos esperar a no tener miedo para correr riesgos. Cuando le prestamos atención al miedo, nos estancamos y nos perdemos extraordinarias oportunidades. ¡Hazlo aunque tengas miedo! Cuando nos desafiamos a nosotras mismas, aun con el temor a cuestas, nos pueden sorprender las maravillas de Dios. ¿Hay algo que no has hecho por temor? ¡No te limites! ¡No te paralices!

La mayoría de las cosas contra las que luchamos como seres humanos son las que la Biblia llama los «afanes». Incluso, casi todos tienen que ver más con nuestros pensamientos asociados al miedo que a las circunstancias en sí mismas. La mujer con flujo de sangre tenía muchas razones para sentir miedo. Te invito a evaluar si tienes miedo y si ese miedo que estás experimentando va en proporción a la situación que atraviesas. La Biblia dice 365 veces: «No temas». Los temores se asoman cuando descubrimos que no podemos controlar lo que nos rodea. La falta de control provoca nuestro temor. En lugar de confiar en Dios, a diario podemos tener una tendencia a confiar en los aspectos que creemos que son nuestras fortalezas como capacidades, conocimientos, títulos académicos y dones. En la vida nos encontraremos con las situaciones que nos enseñarán que no es posible controlarlo todo y que lo que tenemos no es suficiente. De ahí que tengamos que apuntar al borde del manto, es decir, solo a Jesús. Nuestra ayuda viene de Dios. El salmista tenía muy claro esto y te invito a que hagas tuya esta declaración en el Salmo 121 (NVI®). Este es uno de mis salmos favoritos, y en bastantes ocasiones lo he citado para mí misma y para otros. Dice así:

A las montañas levanto mis ojos;
  ¿de dónde ha de venir mi ayuda?
Mi ayuda proviene del Señor,
  creador del cielo y de la tierra.
No permitirá que tu pie resbale;
  jamás duerme el que te cuida.
Jamás duerme ni se adormece
  el que cuida de Israel.
El Señor es quien te cuida,
  el Señor es tu sombra protectora.

De día el sol no te hará daño,
ni la luna de noche.
*El S*eñor *te protegerá;*
de todo mal protegerá tu vida.
*El S*eñor *te cuidará en el hogar y en el camino,*
desde ahora y para siempre.

La Biblia dice que la mujer con flujo de sangre temblaba de miedo. ¿Te la puedes imaginar con un rostro de pánico y esperanza a la vez? ¿Puedes imaginar sus manos, sus labios y sus piernas temblando? Aun así, ¡estaba decidida! El temor no la limitó para abrirse paso entre la multitud. Este acto de valentía la sacó del anonimato y, de una mujer repudiada socialmente, ahora era famosa y admirada por todos. A más de dos mil años, nos sigue ministrando su acto tan intrépido.

El miedo que sentía esta mujer, además del emocional, podría estar relacionado al temor a Dios, ya que es lo que nos motiva a hacer lo adecuado. No es miedo, sino respeto y reverencia. Este temor se manifiesta cuando tengo bien claro quién es la persona hacia la que me dirijo.

«Hija, tu fe te ha sanado»

Antes de su milagro, es probable que la mujer con flujo de sangre no se sintiera con identidad alguna por causa de sus circunstancias. Ahora, en cambio, Jesús la llama hija. Ya no es la marginada ni la repudiada. Le han puesto un nombre. Ya no es la despreciada por todos, ahora tiene un Padre que la cobija. ¡La sanó físicamente y en su autoestima también!

Cuando ella tocó el borde de las vestiduras de Jesús, Él preguntó quién lo había tocado, pues había salido poder. Aquí tenemos una enseñanza de lo que logra nuestra fe. A través de la fe pueden moverse las montañas. La mujer con flujo de sangre tenía plena convicción de que Jesús la sanaría con tan solo tocar el borde de su manto. La fe es una fuente de poder para nuestras vidas. Por eso la Biblia dice que sin fe es imposible agradar a Dios (lee Hebreos 11:6).

Tal vez te hayan dado un diagnóstico que te tenga sorprendida, turbada, en incertidumbre o frustrada. Puede ser que ese diagnóstico no sea sobre ti, sino sobre una persona que amas. ¿Te sientes desfallecer ante una pérdida inesperada? ¿Estás sufriendo por la ruptura de esa relación? ¿Estás herida o turbada ante esa infidelidad? ¿No ves una salida ante la situación que estás viviendo en estos momentos de tu vida? Reconozco que hay experiencias muy duras y difíciles, pero puedes vencer cualquier prueba a través de la fe. ¡Sigue hacia adelante y no te rindas! Decide activar la misma fe que tuvo la mujer con flujo de sangre y reclama tu victoria.

Al Señor no lo sorprenden las situaciones humanamente imposibles. Tampoco le impactan los conceptos «incurable», «degenerativo» ni «desahucio». Para Dios no hay nada imposible. Cuando las circunstancias parecen que no tienen salida y hasta funestas, la Biblia nos recuerda que Dios tiene la última palabra y que nos puede sorprender con milagros extraordinarios. ¡No pierdas la fe!

Cuando activamos la fe podemos:

- Estar en paz mientras llega el milagro.
- Buscar tener experiencias cada vez más profundas con Dios.
- Crecer espiritualmente.
- Dar testimonio de un Cristo de poder.
- Conocer aspectos del carácter de Dios que no conocíamos.

- Confiar en lo que dice la Palabra de Dios.
- Perseverar en medio de las dificultades.
- Vencer el temor.
- Tener dominio propio.
- Descansar en cada una de las promesas del Señor.
- Dominar la ansiedad.
- Ver lo sobrenatural de Dios.
- Vivir en gozo a pesar de las dificultades.
- Agradar más a Dios.
- Transformar nuestros puntos de mejoramiento en el carácter.
- Dar frutos de obediencia.
- Dominar la depresión.
- Dormir mejor.
- Vivir en el presente, no en el pasado ni en el futuro.
- Soltar el control.

«Vete en paz»

¿Sientes que has agotado todas las alternativas? ¡Qué bueno que siempre puedes contar con Jesús! A través de Él ocurren milagros, portentos y maravillas. Confiar en su providencia nos brinda una paz que nada ni nadie nos puede quitar:

> *Depositen en él toda ansiedad, porque él cuida de ustedes.* (1 Pedro 5:7, NVI®)

Al sanarla, una de las primeras cosas que Jesús le dijo a la mujer fue: «Vete en paz». La libertó de la ansiedad, el rechazo, la marginación, la vergüenza y la crisis que le generaban la enfermedad. Hay personas que cuando están enfermas, su agonía principal es psicológica. A través de múltiples investigaciones ya se sabe que si nuestras emociones no están en orden, tienen un impacto físico. Se da entonces una dinámica bidireccional. ¿Qué es esto? En pocas palabras: Debido a que estoy enferma, me afecto de manera emocional; y puesto que mis emociones están enfermas, me enfermo más de manera física.

Es muy usual que cuando se batalla contra una enfermedad llegan sin invitación la ansiedad y la depresión. Ambas son un pozo profundo que nos pueden conducir al desaliento, la desmotivación y la desesperación. Puede manifestarse ira con Dios, con otros o con nosotras mismas. Todas estas reacciones pueden ser normales, pero no deben ser las emociones en las que nos quedemos varadas.

El Señor está cerca de los quebrantados de corazón, y salva a los de espíritu abatido. (Salmo 34:18, NVI®)

¿Has experimentado noches que parecen no tener fin? ¿Te has sentido en un hoyo profundo? ¿Has llegado al punto de la desesperación? ¿Le has pedido a Dios morirte? Quiero que sepas que no estás sola en esos sentimientos. Mucha gente se siente igual que tú. Diferentes personajes bíblicos podrían ser empáticos contigo debido a que atravesaron momentos de ansiedad caótica y depresiones profundas.

Te invito a reflexionar en el Salmo 88 (NVI®). Es la oración de abatimiento:

Señor, Dios de mi salvación,
   día y noche clamo en presencia tuya.
Que llegue ante ti mi oración;
   dígnate escuchar mi súplica.
Tan colmado estoy de calamidades
   que mi vida está al borde del sepulcro.
Ya me cuentan entre los que bajan a la fosa;

parezco un guerrero desvalido.
    Me han puesto aparte, entre los muertos;
      parezco un cadáver que yace en el sepulcro,
de esos que tú ya no recuerdas,
      porque fueron arrebatados de tu mano.
Me has echado en el foso más profundo,
      en el más tenebroso de los abismos.
El peso de tu enojo ha recaído sobre mí;
      me has abrumado con tus olas.
Me has quitado a todos mis amigos
      y ante ellos me has hecho aborrecible.
Estoy aprisionado y no puedo librarme;
      los ojos se me nublan de tristeza.
Yo, Señor, te invoco cada día,
      y hacia ti extiendo las manos.
¿Acaso entre los muertos realizas maravillas?
      ¿Pueden los muertos levantarse a darte gracias?
¿Acaso en el sepulcro se habla de tu amor,
      y de tu fidelidad en el abismo destructor?
¿Acaso en las tinieblas se conocen tus maravillas,
      o tu justicia en la tierra del olvido?
Yo, Señor, te ruego que me ayudes;
      por la mañana busco tu presencia en oración.
¿Por qué me rechazas, Señor?
      ¿Por qué escondes de mí tu rostro?
Yo he sufrido desde mi juventud;
      muy cerca he estado de la muerte.
Me has enviado terribles sufrimientos
      y ya no puedo más.
Tu ira se ha descargado sobre mí;
      tus violentos ataques han acabado conmigo.
Todo el día me rodean como un océano;
      me han cercado por completo.
Me has quitado amigos y seres queridos;
      ahora solo tengo amistad con las tinieblas.

¿Te identificas en algunas cosas con este salmo? ¿Sientes como si algunas partes las hubieras escrito tú? ¿Estas emociones son el secreto de tu alma porque no le dices a nadie cómo te sientes de veras? ¡Qué bueno es que la paga de nuestra paz fue sobre Jesús! Es más, Él mismo es la paz y nos proporciona un nivel de paz que nada ni nadie en este mundo nos la puede dar y, a la misma vez, nada ni nadie nos la puede quitar.

Como terapeuta clínica soy muy consciente de los aspectos de la vida que pueden llevar a una persona a complejos niveles de desesperación como los que con toda certeza tuvo que haber vivido la mujer con flujo de sangre. Son respuestas normales y hasta esperadas ante distintas experiencias de la vida. Aun así, te exhorto a que tengas su mismo nivel de esperanza, ya que te impulsará a no quedarte atrapada entre temores, dudas, tristezas y aflicción. La fe y la esperanza te animan a levantar tu mirada por encima del diagnóstico, la tribulación o la pérdida. En medio de la oscuridad tendrás la seguridad de que brillará el sol. ¡Amanecerá otra vez! La fe y la esperanza te darán la convicción de que al tocar el borde del manto del Maestro sucederá lo mejor.

Doce cosas que podemos aprender de la mujer con flujo de sangre

Sin duda, la mujer que tocó el borde del manto de Jes para recibir sanidad nos enseña muchas cosas que bemos poner en práctica.

1. La fe todo lo puede.
2. Hay que salir de la zona de comodidad para mejor de Dios.
3. Debemos arriesgarnos y hasta desafiarnos sotras mismas.

4. Saber que el cumplimiento del milagro genera frutos extraordinarios.
5. Vale la pena el esfuerzo de retarnos a nosotras mismas.
6. No resignarse ante la enfermedad, sino tomar acción en todas las formas posibles.
7. Es importante no rendirnos.
8. Dejar el temor a un lado.
9. No prestarle atención a las voces externas cuando estas son antagónicas al cumplimiento del propósito.
10. Ir más allá de la opinión pública
11. Aun cuando las circunstancias y los pronósticos sean adversos, debemos visualizar el milagro completo.
12. Nuestro objetivo debe estar claro: tocar a Jesús.

A continuación, te presento el testimonio de una mujer que se identifica con la mujer que tocó el borde del manto de Jesús.

«Yo podría ser la mujer con flujo de sangre»

Yo podría compararme con la mujer con flujo de sangre ya que mis cargas se debían a la ansiedad. Al igual que ella, recurrí a muchas vías como médicos, líderes de la iglesia, amistades, suplementos, remedios caseros y ciencia para buscar ayuda en mis dos condiciones.

En esas vías encontré más cargas debido a consejos donde me hacían sentir culpable o cuestionaban mi relación con Dios por tener la condición de ansiedad. También era desalentador saber que hay muchas enfermedades que, a pesar de lo avanzada que está la ciencia, no tienen cura.

Cuando busqué ayuda con la Dra. Lis Milland, pude encontrar los recursos necesarios para lidiar con mi ansiedad y mis pensamientos negativos. Primero fue la aceptación y saber que no sería mi lugar de permanencia. Quiero que sepan que soy una persona bien alegre y positiva, que amo al Señor y confío en Él. Tengo un matrimonio excelente y tres hermosos hijos. Así que pasar por esto era bien confuso.

Aunque oraba intensamente por la sanidad, esta no vino de inmediato como yo anhelaba. Por lo que tuve que seguir creyendo en el Señor con preguntas y dudas, pero seguía caminado. Al poco tiempo, me diagnosticaron con esófago de Barrett. Esta condición se considera un trastorno premaligno, por estar asociado a un cierto riesgo de cáncer del esófago, lo cual no tiene cura. Era la combinación perfecta para una crisis.

Entonces, como la mujer con flujo de sangre que estaba cansada de buscar en todos lados y Jesús siendo su única esperanza, así mismo yo me enfoqué en buscar al Maestro. Cuando me sentía ansiosa, triste y preocupada, entraba a mi cuarto de oración. Ahí le pedía al Señor sanidad por mi estómago y le agradecía por la sanidad en fe. Al año siguiente me hicieron una endoscopia y no había rastro de mi condición en el estómago. ¡El Señor me sanó! ¡Gloria a Dios!

Aunque la ansiedad es algo de lo que aún no he tenido la sanidad completa, te puedo decir que el Señor me ha sanado al darme los medios y el control para que esas emociones no me controlen, sino que se sometan a su voluntad. Cuando me siento ansiosa, desesperada, confundida o cualquier emoción que no es de Dios, rápido me separo, oro al Señor y le entrego esa carga. ¿Saben qué? Soy libre, ¡y ese es otro milagro de sanidad! En el tiempo que estuve en la etapa más oscura de mi vida, Dios me mostró cosas maravillosas, prácticas y creativas para lidiar con mi ansiedad. Todas las mañanas tengo un tiempo con Dios donde oro, leo la Biblia y me presento ante Él en gratitud.

El ejercicio es esencial en mi vida para controlar la ansiedad. Lo práctico cinco días a la semana. También caminar en lugares en los que estoy cerca de la naturaleza me ayuda a sentirme en paz. En la semana practico algo llamado «Bible Journaling», o en español «Diario Bíblico», donde de manera creativa tengo un tiempo devocional con Dios, oro, leo la Palabra, coloreo en mi Biblia o escribo cosas que tengo en mi corazón. Estoy aprendiendo a tocar la guitarra y pinto cuadros. Mi círculo de amistades y familia tiene que ser de personas positivas que me amen y me apoyen. Aprendí a decir que no y a vivir una vida equilibrada.

Cuando tengo pensamientos de miedo, pesimistas o circulares, los cancelo con rapidez y los sustituyo por pensamientos positivos que son las promesas de Dios en su Palabra. No importa lo que esté pasando a mi alrededor, no me mueve. No trae miedos ni ansiedad, pues el Señor me enseñó a confiar solo en Él, sin importar lo que me rodee. Soy feliz y soy libre por la gracia de Dios.

Amiga, no sé por lo que estás pasando, pero como la mujer con flujo de sangre que tocó el borde del manto de Jesús y fue sanada, así también tú puedes ser sana. Dios tiene el control de tu vida. En tu intimidad con el Señor, no tan solo tocarás el borde de su manto, sino que también podrás sentirlo abrazándote y sanándote, tomando el control de cualquier situación y dándote paz en medio de ellas. Él pondrá a tu lado a las personas indicadas y en el momento preciso. ¡No estás sola! En Él hay nuevas fuerzas y esperanza. Escóndete en tu recámara con Él y recibe lo grande que tiene para ti. ¡Sé sana en el nombre de Jesús!

Cuando se reciben noticias que su sabor son «retos y desafíos», sobre todo de fe, es importante detenerse y reflexionar: *¿La puerta está abierta o cerrada para el gozo y la paz?* Lo importante sobre las emociones es la interpretación y la carga que la persona le impone a dichas emociones. De acuerdo con el razonamiento que le des a las emociones en tu vida, también se manifestarán para realizar los cambios en la manera en que las vas a experimentar y vivir. El proceso de evitar o permitir emociones dependerá de ti, mujer. Sobre todo, es muy necesario que aprendamos a sentir lo que tengamos que sentir, ya que sentir NO es malo. Lo que sí nos hace daño es rechazar lo que sentimos y dejarlo ahí sin procesar tratando de ignorarlo. Debemos procesarlo de manera saludable.

Debes identificar la emoción y ser consciente de cómo te sientes. No debes negar lo que percibes, sino validarlo e identificar por qué te sientes así. Haz un alto y no juzgues ni culpes a nadie. Toma las medidas correspondientes acerca de cómo procesar la emoción y cómo resolver o hacer cierres en tu interior. Es importante que aprendas a cambiar tu estado de ánimo a uno de acción y salud. Si son emociones conflictivas, fuertes o difíciles, busca ayuda profesional.

Mucha gente se ve incapaz de tener estas emociones agradables cuando se enfrentan a una situación compleja como lo es una enfermedad. Sin embargo, te exhorto a que aprendas y vivas el hecho de que puedes conservar, en esencia, el gozo y la paz por encima de los procesos dolorosos y a través de estos.

Cristo es la paz y el gozo. Debido a que Él mora en nosotras, podemos conectarlo adentro y disfrutar de todo lo que proporciona, aun en medio de la dificultad. ¡Cristo en nosotras es una bendición! Es la bendición más pura, amplia y real.

Deseo con todo mi corazón que puedas experimentar a Cristo y su amor. Que no te pierdas los milagros diarios que se producen hasta el milagro final que estas esperando. Te acompaño a creer que testificarás de los portentos de Dios en tu vida.

Oración

Amado Señor:
¡Tú eres mi sanador! No hay nada imposible para ti. Existen situaciones en mi vida que pueden llevarme a la desesperación, pero estoy segura de que puedo contar contigo siempre. Declaro que no desfallezco en la fe aunque el panorama parezca complejo. ¡Mi fe se aviva en este instante! La fortaleza es perfeccionada a través de mi debilidad. Cada prueba se transforma para mi bien y para que tu nombre sea glorificado en gran medida. Si tú estás conmigo, no tengo que temer ante las malas noticias. Como la mujer con flujo de sangre, yo confiaré y por mi fe será hecho. Disfrutaré de la paz que solo tú puedes brindarme.
En el nombre poderoso de Jesús, amén.

Afirmaciones

Te invito a que hagas tuyas las siguientes declaraciones:

- Decido creerle a Dios.
- En Cristo soy fuerte.
- No hay nada imposible para Dios.
- Por las llagas de Jesucristo he sido curada.
- Mi fe se convierte en un testimonio que motiva a otros.
- Disfruto de los milagros que el Señor me permite vivir cada día.
- Me siento bien por encima de las circunstancias.

Tus propias afirmaciones

_____
_____
_____
_____
_____
_____
_____

Ejercicios

1. ¿Hay alguna situación en tu vida que te cause vergüenza, ansiedad o temor? ¿Cuál es? Escríbela en este espacio en blanco, a fin de que puedas desahogar tus sentimientos y emociones:

_____

_____

2. ¿Cuál es el texto bíblico que te sirve de mayor inspiración para mantenerte en fe por encima de las circunstancias? Escríbelo a continuación:

_____

_____

_____

_____

_____

3. Puesto que la fe mueve montañas, ¿qué milagro recibirás al tocar el manto de Jesús?

_____

_____

_____

_____

_____

_____

4. ¿Qué significaría para ti que Jesús te diga las mismas palabras que le dijo a la mujer con flujo de sangre: «Vete en paz»? ¿Sobre qué aspectos de tu vida las necesitas?

_____

_____

_____

_____

_____

_____

_____

Capítulo 8

Rut

Valiente y decidida ante la pérdida

«*Ahora hija mía, no temas. Haré por ti todo lo que me pidas, pues todo mi pueblo en la ciudad sabe que eres una mujer virtuosa*».

Rut 3:11, LBLA

Rut quedó viuda. Su esposo Mahlón falleció cuando lle-
vaban diez años de matrimonio. Esto tuvo que haber sido
una situación muy dolorosa y compleja para ella. No solo
por la parte afectiva, sino también porque las mujeres en
la antigüedad dependían de manera emocional, social
y económica de sus esposos. A las que aún no estaban
casadas las mantenía algún hombre de su familia. En la
antigüedad, una mujer casada y que no tuviera hijos era
como una muestra de debilidad en la mujer, pues había
mucha presión en este aspecto. Así que Rut no solo se
queda viuda, sino que en diez años no había tenido hijos
con Mahlón. Por lo tanto, no tenía descendencia.

Según algunos incidentes anecdóticos, y una gran
cantidad de documentación sobre Rut, sugieren que se
casó joven con Mahlón. Rut se casó con su primer marido diez años antes de enviudar (Rut 1:4), así que aproximadamente la edad de Rut durante su viudez era entre
los veinticuatro y los veintinueve años. De acuerdo con
las costumbres y reglas establecidas para ese entonces,
una viuda no podía volver a casarse antes de que expira-
ran los noventa días desde la muerte de su esposo.

Las viudas y sin hijos, como era el caso de Rut, debían depender de cualquier persona que estuviera dispuesta a mostrar generosidad hacia ellas, pues estaban
desprotegidas. Pertenecían a la clase baja; es decir, eran
muy pobres y desventajadas. Solían ser mujeres que su-
frían solas. Estas experiencias debieron haber sido muy
fuertes en lo emocional.

Fases del proceso de pérdida

Siempre que pasamos por pérdidas o por cualquier otro
proceso doloroso, tener recursos de apoyo emocional es importante. Ahora bien, si en primera instancia
parece no haber esos recursos, hay que identificarlos,

buscarlos y solicitarlos de ser necesario. Nadie merece pasar un desierto en su vida en soledad, sobre todo en los procesos que atravesamos ante las pérdidas, dado a que se pasa por distintas etapas.

En la respuesta emocional de una persona ante la experiencia de una pérdida podemos encontrar las siguientes fases:

- **Negación:** Dificultad para reconocer lo que se está viviendo. Se genera un bloqueo hacia la realidad y se manifiesta una gran incredulidad frente a lo que se ha perdido. En un inicio, puede amortiguar el dolor, pero en un momento dado hay que enfrentarse a la realidad. Por eso hay que velar que esta etapa no se extienda demasiado o que sea indefinida.
- **Crisis de fe:** En ocasiones, el dolor nos lleva a cuestionarle a Dios. Lo importante es no perder de perspectiva que el Señor obra en medio de cualquier situación, sobre todo en las que son más dolorosas. En realidad, ya se sabe que mientras más rápido la persona use la espiritualidad, más recursos emocionales tendrá para enfrentarse saludablemente a la pérdida, dándole sentido a lo que de otra forma sería difícil encontrarlo.
- **Ira:** Puede darnos coraje o ira con Dios o con nosotras mismas debido a la persona que se marchó. Si ocurre estancamiento en esta fase, la persona puede presentar altos niveles de ansiedad. En esta etapa se buscan responsables o culpables.
- **Tristeza:** Sentimientos de nostalgia, desesperación, vacío e impotencia. Algunas personas pueden sentir que no tienen incentivos para vivir con entusiasmo o motivación. Esta es una de las fases que requiere mayor nivel de alerta, pues si se extiende por dos semanas o más, puede convertirse en depresión.

- **Negociación:** Se le va encontrando el sentido a lo que parecía no tenerlo. Nos hacemos la promesa a nosotras mismas de que todo va a estar bien en nuestro interior.
- **Crecimiento:** Transformar nuestra manera de pensar y nuestras actitudes. Reinventarnos cuando las situaciones así lo ameriten. La vida es un proceso de transformación continua.
- **Aceptación:** Es cuando se aprende a convivir con la pérdida. Con el tiempo se puede experimentar alegría, paz y deseos de vivir, a pesar de lo ocurrido. Incluso, puedes ser de bendición para personas que han pasado por pérdidas parecidas a la tuya.

El pacto de Rut con Noemí

Rut hizo un pacto con una persona que es probable que se encontrara en una condición aun peor que la suya y esta era su suegra Noemí. Lo más triste era la muerte de su esposo y sus hijos, así que también era una mujer desamparada. La actitud de Noemí hacia su nuera, Rut, fue encomiable y directa al indicarle la verdad de que tomara su camino y volviera a su tierra de descendencia y encontrara esposo. ¡Qué virtud tan hermosa la de Rut hacia Noemí! Aunque Rut no tenía que cuidar de Noemí, Rut decidió hacerlo. Lo que es más, aunque Noemí quería liberar a Rut de velar por ella, Rut no la desamparó, sino que se la llevó y la cuidó. Como resultado, y por la audacia de Noemí, Rut se volvió a casar y tuvo descendencia que se conecta directamente con Jesús.

Noemí no tenía familia que la cuidara en Moab. Así que estas victoriosas mujeres se necesitaban la una a la otra para sostenerse y, por iniciativa de Rut, se estableció

una alianza. ¡Cuán importantes son esos lazos entre nosotras las mujeres! En lugar de competir, debemos sos-
tenernos, apoyarnos e impulsarnos las unas a las otras
tanto para disfrutar de bienestar como para alcanzar los
propósitos de Dios en nuestras vidas.

Al pasar Noemí por los procesos de pérdidas, determinó regresar a su lugar de origen. Noemí se despidió
de Rut, pero ella se negó de manera rotunda a dejarla.
Su interés era demostrarle amor y lealtad inquebranta-
bles a Noemí en el momento más caótico de su vida. Así
que se negó a permitir que su suegra pasara por esos
duelos sola. Le dijo:

*No insistas que te deje o que deje de seguirte; por-
que adonde tú vayas, iré yo, y donde tú mores, mo-
raré. Tu pueblo será mi pueblo, y tu Dios mi Dios.*
(Rut 1:16, LBLA)

Este fue uno de los discursos de lealtad más grandes de todos los tiempos. Rut perseveró en la bondad,
a pesar de que lidiaba con su propio dolor. Cuando nos
desenfocamos de nuestros pesares para ser de bendición a otros, nuestras heridas se van sanando debido a
que cada vez las podemos ver más manejables. Enfócate
en ser de bendición y cada día serás testigo de un más
profundo proceso de sanidad en tu propia alma. Los sa-
nadores de otros, se sanan.

Es maravilloso poder contar con personas que se in-
teresen en nosotras en los momentos de dolor. Cuando
vivimos la experiencia de la compañía de otros en nuestra aflicción, sentimos el cuidado y la protección del
mismo Señor. Además, quién mejor para comprender-
nos en nuestros momentos de aflicción que alguien que
también está sufriendo en su propia alma una situación
similar a la nuestra.

Como terapeuta, he creado redes de apoyo con personas que están viviendo más o menos el mismo tipo de dolor emocional. En lo personal, me gusta diseñar estas dinámicas entre mujeres. ¡Esto es eficaz en gran medida! En este mismo instante te invito a reflexionar en alguien que pudiera estar pasando por una situación parecida a la tuya, y evalúa cómo puedes ser de bendición para su vida y esa persona para la tuya. Asimismo, puedes evaluar quién necesita un rayo de luz, aunque no sea bajo circunstancias similares. Una de las experiencias más gratificantes es ser de ayuda a otros ante la adversidad.

El apoyo en la adversidad

Rut era de temperamento melancólico. Las personas melancólicas son abnegadas, sensibles, caritativas, empáticas y muy confiables. Demuestran amor en una forma cautelosa y tierna. Son selectivas con las personas, pero cuando deciden amar a alguien, le aman de verdad. El amor, en su mejor sentido, implica sacrificios. Siempre que sembramos amor, la cosecha y el fruto son extraordinarios.

Rut podía quedarse en Moab, su propio país, con el apoyo de sus parientes lejanos. Era lo bastante joven como para volver a casarse y podría haber ganado cierta estabilidad financiera de esa manera. Sin embargo, estaba decidida a ayudar a Noemí, incluso a costa de dejar atrás su propio país, sus amigos, su familia y su cultura. No dudo de que tú seas de esas mujeres que más allá de lo quebrantada, dolida, débil o destruida que puedas sentirte, si una de las tuyas se encuentra en el suelo, ahí estarás para levantarla, secarle las lágrimas, escucharla y animarla a no rendirse.

Es importante que las mujeres nos demos apoyo entre nosotras, tal como lo hicieron Rut y Noemí. Más de la mitad de mi vida la he dedicado a intervenir con mujeres, tanto en talleres, convenciones, predicaciones y en la oficina de consejería como su terapeuta. Lo lamentable es que he notado que hay una tendencia a que, cuando las mujeres están rodeadas de otras mujeres, tratan de hacerse una opinión de la otra, con dificultad para congeniar.

He escuchado a demasiadas mujeres decirme: «Yo me llevo mejor con los hombres». Me parece que esto tiene que ver con que entran en comparaciones cuando son mujeres, intimidándose por la belleza física (lo que es muy relativo), la posición que ocupan en cualquier escenario o en cualquier aspecto donde interpretan que otra mujer las supera. No todas las mujeres lo hacen, ni lo hacen siempre, pero he observado ciertas tendencias a este comportamiento.

Los complejos, temores, inseguridades y una baja autoestima pueden distorsionar el amor saludable que podríamos disfrutar hacia otras mujeres en relaciones gratificantes de amistad y ayuda. Llevo una campaña activa por años de estimular a las mujeres de que nosotras estamos para apoyarnos y no para competir.

Sin embargo, cuando funcionamos desde el valor y la identidad que Dios nos ha dado, estamos en plena capacidad de apreciar todo lo hermoso que tiene otra mujer y nos alegramos sinceramente de sus bendiciones. Disfrutamos de la forma en que nos podemos complementar unas con las otras.

Veo que Rut encontró en Noemí a una mentora. Dios no nos diseñó para ser seres ermitaños. Al contrario, nos hizo como seres gregarios. Opino que es muy saludable que las mujeres tengamos por lo menos una mentora; es decir, alguien que nos pueda guiar, enseñar, aconsejar y acompañarnos con sabiduría en el viaje de la vida. Si no tienes una mentora, ¿qué te parece si le pides al Señor que te ponga alguna en el camino y que tengas el discernimiento para identificarla? ¡Será de bendición!

Un nuevo comienzo

Rut y Noemí se dirigieron a Belén, la ciudad natal de Noemí. Llegaron durante el inicio de la cosecha de la cebada. Rut se encargaba de recoger las espigas de cebada dejadas atrás por los cosechadores. Cosechar, sobre todo recoger las gavillas que se caían, era una tarea calurosa, polvorienta y agotadora, pero Rut hizo una labor tan eficiente y tan ardua desde el amanecer hasta la puesta del sol, que el supervisor la notó. ¡Qué maravilloso es cuando hacemos las cosas con amor y dedicación!

Un día, cuando Booz supervisaba su campo, también notó a Rut. El supervisor le habló bien de ella. Booz trató a Rut con una amabilidad extraordinaria. Le aseguró que estaría a salvo, le dejó beber agua del pozo que usaban sus trabajadores, le dio comida, le permitió juntar espigas aun entre las gavillas y hasta les instruyó a sus trabajadores que dejaran caer gavillas a propósito para que ella las pudiera recoger. Booz hizo todo esto debido a que había oído de la devoción y lealtad de Rut hacia Noemí. Por lo tanto, ¡Rut cosechó la bendición por lo que había sembrado! A través de su arduo trabajo y la generosidad de Booz, Rut pudo conseguir una cesta llena de cebada, lo que representaba alimento suficiente para varios días. Te invito a traer a tu memoria algún momento en el que viste a Dios obrar en provisión en medio de tu pérdida o de tu dolor.

Booz era el pariente redentor de Noemí, un término legal para quien estaba obligado a cuidar a un pariente en serias dificultades Noemí sabía que Rut estaría mejor cuidada si se casaba, por eso le sugirió que se ofreciera como esposa a Booz. Es sabio escuchar a personas que nos aman y que están interesadas en nuestro bienestar cuando nos dan consejos. Rut le dijo a Noemí:

Todo lo que me dices, haré. Descendió, pues, a la era e hizo todo lo que su suegra le había mandado.
(Rut 3:5-6, LBLA)

Noemí le dijo cómo presentar su propuesta de matrimonio y Rut no solo manifestó que la obedecería, sino que lo hizo. Su compromiso lo hizo realidad con sus acciones. Al final de la cosecha, Booz iría a trillar el grano. No era raro que los ladrones intentaran robar la cosecha y Noemí sabía que Booz dormiría en el campo de trillar para proteger la cebada. Así que le dijo a Rut que fuera al campo de trillar, pero que no dejara que él la viera hasta que terminara de comer y beber. Noemí le dijo a Rut que se fijara dónde se acostaba Booz y que en silencio le descubriera los pies y se acostara allí. En la cultura de la época esto se interpretaba como un acto de sumisión completa.

A medianoche, Booz se despertó sorprendido al descubrir a una mujer acostada a sus pies. Rut presentó su petición de una manera humilde, diciendo que era su sierva, pero también de una manera audaz sin ser inapropiada, pidiéndole a Booz que la tomara por esposa: «Yo soy tu sierva Rut», dijo. «Extiende el borde de tu capa sobre tu sierva, por cuanto eres pariente cercano» (Rut 3:9). La frase «extiende el borde de tu capa sobre tu sierva» era una forma de decir, en esa cultura: «Soy viuda, tómame como tu esposa». ¿Sabes una cosa?, Rut fue quien se le declaró a Booz, y lo más curioso y sorpresivo es que Booz se llenó de alegría al escuchar sus palabras. Cuando Rut se casó con Booz, la historia la coloca en el rango de edad entre treinta a cuarenta años (lee Rut 4) mientras que Booz tenía ochenta años.

Noemí fue bendecida a través del matrimonio de Rut y Booz cuando tuvieron a su primer hijo y su primer nieto, Obed. La Biblia destaca a los descendientes heroicos de Rut. Una mujer que fue una total extranjera, se convertiría en la bisabuela del más grande rey de Israel. Obed fue el padre de Isaí, quien a su vez fue el padre del gran rey David. A través del linaje de David fue que vino al mundo el Mesías. La vida está llena de desafíos y adversidades. Sin embargo, todo quebrantamiento puede generar un fruto extraordinario.

Mediante su lealtad inquebrantable, su increíble determinación y su servicio desinteresado, Rut no solo proveyó de una manera heroica a las necesidades de su familia, sino que también se convirtió en un eslabón fundamental en la genealogía del héroe más trascendente de la historia: nuestro amado Señor Jesucristo. ¡Los planes de Dios con nosotras contienen una gloriosa fuente de restauración! ¡No dejes de creer en las nuevas oportunidades y en los grandes comienzos que el Señor tiene para ti!

Indicadores sobre el control de la pérdida

Cuando el alma llora por lo perdido, nuestro espíritu ríe, ríe y ríe por lo que ganaremos más adelante. Por eso, aquí tienes algunos indicadores que te muestran cómo se lidia con la pérdida de manera saludable, tal y como lo hizo Rut:

- Te mantienes firme en tu fe, creencias y convicciones.

- En esencia, logras ser feliz, sin importar las circunstancias.

- El desánimo o la desmotivación no te controlan.

- Dejas de vivir en estado de sufrimiento.

- Te alejas del papel de víctima.

- Mantienes la calma, acogiéndote a la paz.

- El futuro es un lugar que miras con esperanza.

- Te conviertes en una fuente de apoyo y bendición para otras personas que pasan por pérdidas.

Deseo con todo mi corazón que si tienes una lucha por el impacto de una pérdida significativa en tu vida, puedas escuchar la Voz del Espíritu Santo que te dice: «Yo estoy contigo». Afirmo en el Nombre de Jesús que lograrás sentirte en victoria y en control. Creo que volverás a sonreír otra vez y que se manifestará un gran rayo de luz en la oscuridad.

La fortaleza que viene de Dios

Ahora, te muestro el escrito de una mujer que conozco y que pasó por la pérdida de su esposo. Verás la forma en que el Señor la fortaleció y trasformó su historia.

«Yo podría ser Rut»

Conocí a Enrique, el padre de mi hija, cuando yo tenía dieciséis años. Era el mejor amigo de un primo mío y llevábamos años de conocernos. *Todos decían que nos íbamos a casar algún día. Luego de un período de amistad, fuimos novios por un año. Nos casamos en una boda de ensueño. Cada uno se hizo cargo de una responsabilidad. Yo me encargué de la boda y él de comprar la casa.*

Nos casamos un domingo, pues Enrique lo quiso así. Según su opinión, el sol brilla distinto los domingos, pues es el día que hizo el Señor. Ya para ese tiempo él empezó a presentar algunas condiciones de salud, pero yo había decidido quedarme en la relación. Me hicieron una operación de fibromas en un marzo y ese noviembre quedo embarazada, de ahí salió mi niña Margarita. Cuando la tuve, me di cuenta de lo deprimida que había estado y me decía: «A la verdad, vivía triste y esto es lo que se siente ser feliz». El embarazo fue un éxito, aunque al momento del parto hubo complicaciones y nuestras vidas estuvieron en peligro.

Mi matrimonio iba marchando bastante bien. Siempre nos tratábamos con mucho respeto y amor. Para Enrique, nosotras dos éramos sus luces y su razón de vivir. Todo el tiempo estábamos los tres juntos.

Tuvimos que buscar un gastroenterólogo debido a que a Enrique le comenzaron unos síntomas que nos hicieron pensar que tenía una condición estomacal. Después de muchas llamadas, conseguimos uno cerca del trabajo y empezaron los exámenes médicos. Enrique pasaba muchas noches sin poder dormir por causa del dolor. Aun así, fuimos de paseo a Washington D. C. Me acuerdo como hoy que estábamos caminando por el obelisco y vino una voz que me dijo: «Disfruta estas vacaciones que serán las últimas». Hablé conmigo misma y me dije: «¿Qué pensamientos son esos? ¡No seas tan negativa!».

¡Quién diría lo que pasaría luego! Regresamos a nuestra casa en Puerto Rico y a los días fuimos a hacerle una endoscopia a Enrique. Su condición no mejoraba y no se sentía bien. Tenía que faltar al trabajo por lo mal que se sentía físicamente. Le siguieron haciendo estudios y los resultados fueron que le encontraron una masa que aparentaba ser maligna. Solo dije: «Tenemos que confiar». Al mes siguiente ya teníamos nuestra primera hospitalización.

Comenzó la quimioterapia para el cáncer. Bajó mucho de peso y su ánimo no era el mejor. Mis padres decidieron mudarse conmigo para cuidar de mi hija. Seguían pasando las semanas y mi esposo no mejoraba. Falleció tomado de la mano conmigo. ¡Es una sensación tan extraña sentir cómo la mano de la persona que tanto uno ama se va poniendo fría!

Ser viuda es una realidad dura debido a que nunca se espera que te suceda. Mucho menos uno siendo joven y con una niña de siete años. Pasaron unos años y fallece mi padre. Esa muerte también fue bien dolorosa para mí.

Un compañero de trabajo, llamado Luis, se convirtió en mi apoyo en la muerte de mi papá. Fue una persona que estuvo al pendiente de mi hija y de mí. Los sentimientos con el tiempo fueron creciendo. Hacía dos años que Enrique había fallecido. En el noviazgo demostró compromiso y me dijo que yo merecía que se me pusiera de nuevo un anillo en mi dedo.

La boda con Luis fue una en la que disfruté con las personas que en realidad habían estado conmigo en mis momentos más oscuros. Fue una boda «vintage», con flores, recordatorios y almendras. Luis se vistió *con su uniforme de oficial militar y yo tenía un traje de encajes. Para esos recordatorios hice una orden de jabones del niño de la Dra. Lis Milland. Le solicité que fueran en forma de mariposas. La ceremonia estuvo hermosa y se pudo hacer virtual para que la pudieran ver mis familiares y amigos. Una boda pequeña y llena de amor.*

¿Por qué un recordatorio de jabones en forma de mariposas? Porque para llegar a formarse una mariposa tiene que pasar por un proceso muy doloroso, pero el resultado es una metamorfosis total. Así fue en mi vida, una trasformación difícil, pero el resultado final es hermoso. Dios me seguirá cuidando.

Hay personas que cuando fallece su cónyuge tienen que dejar su normalidad porque se sufre mucho. Dios tenía trazado que, en el camino de mi vida, llegara Luis, quien es una persona luchadora y un muy buen hombre. No tengo idea de lo que Dios tiene para nuestro futuro. Lo que sí sé, y de lo que doy fe, es que Dios cuida siempre de sus hijos.

Hemos observado que las vicisitudes, problemas, la viudez, la soledad y la muerte, aunque presentes en la vida de las grandes mujeres de la Biblia, la determinación de emprendimiento de vida, de actuación, de alcanzar la gracia de Dios y de no dejarse vencer por los pensamientos del «YO NO PUEDO», las llevaron a un estado de crecimiento, resiliencia y superación. A través de Rut vemos un modelo de piedad, amabilidad, determinación, fidelidad y obediencia. Es un ejemplo de cómo Dios puede cambiar una vida y llevarla en la gloriosa dirección del cumplimiento de sus propósitos.

Oración

Amado Señor de fuerza y poder:
Vengo delante de tu presencia para pedirte que me
fortalezcas con la unción del Espíritu Santo. Llena mi
alma de consuelo y paz. Ayúdame a encontrarles las
ganancias a las pérdidas. Otórgame el discernimien-
to para que tu poder se perfeccione en mi debilidad.
Dame sabiduría para rodearme con los recursos de
apoyo saludables, a fin de lograr manejar el dolor de
manera eficaz. Permite que yo quede sumergida en tu
gracia para renovar mis esperanzas y que la fe per-
manezca viva.
En el nombre poderoso de Jesús, amén.

Afirmaciones

Te invito a que hagas tuyas las siguientes declaraciones:

- Cuando me siento sola, sé que el Señor nunca me desamparará.
- Toda pérdida puede ser un punto de partida para nuevas oportunidades.
- Estoy agradecida porque Dios trasforma los lamentos en regocijo.
- Yo soy fuerte en Dios.
- Supero momentos complejos de la vida con la ayuda de Jesús.
- De la mano de Dios siempre hay tiempo y espacio para forjar nuevos sueños.
- Nunca es tarde para comenzar otra vez.

Tus propias afirmaciones

_____

_____

_____

_____

_____

Ejercicios

1. Identifica las pérdidas que has atravesado en tu vida.

   _____

   _____

2. Transforma cada una de esas pérdidas en ganancias o contesta la siguiente pregunta: «¿Qué he aprendido en las pérdidas?».

   _____

   _____

   _____

3. ¿En qué etapa me encuentro en el proceso de la pérdida?

   _____

   _____

4. ¿En qué forma las experiencias de dolor que he atravesado pueden ser de bendición para otras mujeres?

   _____

   _____

Capítulo 9

Rahab

Las decisiones que trazaron su rumbo

> *«Entonces ella los hizo descender con una cuerda por la ventana; porque su casa estaba en el muro de la ciudad, y ella vivía en el muro».*
>
> Josué 2:15

Después que murió Moisés, casi toda la generación de israelitas que salió de Egipto ya había fallecido también (lee Josué 1:1-2). Ahora, Josué era el que conquistaría la tierra que prometió Dios. Era hijo de esclavos en un momento histórico donde la movilización social era muy difícil de gestarse. En otras palabras, si eras hijo de esclavos, de seguro que serías esclavo. Sin embargo, Dios trascendió a sus circunstancias y le dijo:

> *Mira que te mando que te esfuerces y seas valiente;*
> *no temas ni desmayes, porque Jehová tu Dios estará*
> *contigo en dondequiera que vayas.* (Josué 1:9)

Lo que Moisés no pudo alcanzar, Josué sí lo alcanzó. Conquistó con poder y gloria la tierra prometida y una mujer fue fundamental para el cumplimiento de esta gran victoria. Con sabiduría, tal y como Moisés lo hizo antes, Josué envía espías con el propósito de obtener información militar y estratégica acerca de lo que había más allá del Jordán. Así que manda a dos hombres diciéndoles:

> *Andad, reconoced la tierra, y a Jericó.* (Josué 2:1)

Rahab era una mujer que vivía en la ciudad de Jericó cuando el pueblo de Israel invadió Canaán. La Biblia destaca que vivía en el muro de la ciudad. Esto es importante, pues por tradición en las principales ciudades del mundo, incluyendo en la realidad actual, a las comunidades que se establecen a las orillas de las murallas de protección de las ciudades se les margina en lo social. Suelen ser comunidades que se caracterizan por una gran estrechez económica. En Puerto Rico sería «La Perla», un lugar en el que sus residentes han tenido que batallar con la pobreza y los prejuicios, dado a las generalizaciones y los estereotipos que otros les ponen por vivir en dicha comunidad.

Rahab en la sociedad de su época

Dentro de los aspectos humanos, Rahab tenía las características para que la rechazaran. Según distintas versiones de la Biblia, se dedicaba a la prostitución (lee Josué 2:1). Otras versiones no presentan que fuera ramera, sino una «mesonera», debido a que la identifican como la propietaria de una casa de hospedaje. En alguna que otra versión la señalan como una concubina. Sin embargo, en la mayoría de las versiones bíblicas aparece como prostituta. Sin importar lo que fuera, lo que no es debatible es que fue una mujer que experimentó la misericordia de Dios.

La prostitución era una profesión legal desde los tiempos de Moisés, aunque despreciada. Rahab tuvo una familia que estaba compuesta por padre, madre y hermanos. Al parecer, en ese tiempo no tenía esposo ni hijos (lee Josué 2:18; 6:23). El que una mujer israelita se convirtiese en una prostituta era razón de burla y vergüenza para la familia. En cuanto a los cananeos, que era el caso de Rahab, esta profesión era común. Sin embargo, no dejaba de cargar un estigma social negativo. Algunos estudiosos señalan que la misma casa de Rahab era el lugar de trabajo de esta mujer, donde con frecuencia recibía invitados y visitantes.

A través de la historia del ser humano, la prostitución siempre ha sido una actividad discriminada en gran medida. Pude intervenir en una experiencia evangelística con un grupo de mujeres dedicadas a la prostitución. Así que vi de primera mano cómo acarrea prejuicios que se manifiestan en el ámbito religioso e institucional, entre otras esferas de la sociedad. También influye en las relaciones interpersonales y en el autoconcepto de estas mujeres.

Otro punto de importancia concerniente a las mujeres dedicadas a la prostitución es la dificultad que tienen para empoderarse ante la sociedad. Esto puede crear sentimientos de culpabilidad, desprecio, baja autoestima, rechazo y otros. Desde un cuadro clínico, se crea una autopercepción negativa como creerse que son mujeres sucias y deshonradas, personas marcadas por las carencias morales, un comportamiento femenino no aceptable, temor y vergüenza de que sus familiares conozcan de su trabajo clandestino. Cuando estas mujeres interiorizan su condición, el sentimiento de deshumanización sobresale. Además, pueden padecer de estrés y ansiedad.

La victimización y el abuso suelen ser factores presentes en estas mujeres, sin dejar de mencionar la soledad a causa de los prejuicios y la discriminación. Desde la visión del cuadro social, a la prostituta se le ve como hipersexual, mala, indecente, promiscua y viciosa, entre otros adjetivos que muchas veces se alejan de lo que es su realidad.

Rahab en la sociedad de su época

Quizá, como les sucede hoy a muchas mujeres, Rahab estuviera arrastrando un pasado con dolor. De seguro que anhelaba una vida basada en la integridad, que fuera bien vista y que no le causara vergüenza a su familia. Sin embargo, Dios es especialista en cambiar panoramas para nuestro bien, y mucho más cuando estamos dispuestas a que nuestras realidades sean diferentes.

Puesto que Rahab era una mujer pobre, marginada, con alta probabilidad ramera y, tal vez rechazada por su familia, Dios la escoge para un trabajo trascendente que marcaría a Israel para siempre. Fue una llave fundamental para abrir la puerta del cumplimiento de la promesa de Dios a su pueblo. Cualquiera podría mirarla con ojos naturales y en un filtro de juicio pensar que era la menos digna para ocupar una posición tan importante. ¡Qué bueno que Dios no es como muchos seres humanos! Siempre ve más allá y acepta nuestra verdadera identidad que proviene de Él mismo. Solo quien te creó y diseñó determina tu verdadero valor.

El nombre Rahab quiere decir «amplitud», «ancha», «grande» o «extensión de límites». Sus circunstancias podían decir una cosa de ella, pero ya Dios había trazado un plan diferente. La había marcado proféticamente con su nombre. Puede ser que hoy tú necesites esta palabra:

> *Las marcas proféticas van por encima y más allá de cualquier circunstancia. Lo que Dios ha trazado para ti desde antes de la fundación del mundo y que se selló en el momento que te concibieron en el vientre de tu madre habrá de cumplirse. ¡Dios es soberano!*

Los planes que el Señor tiene con nosotras trascienden a cualquier aspecto humano, siempre y cuando tomemos decisiones que se alineen a la voluntad del Señor. La vida se trata de tomar decisiones. Desde que nos levantamos hasta que nos acostamos es un constante fluir de toma de decisiones. Sin lugar a duda, las decisiones más trascendentes que tomamos son las que tienen que ver con los propósitos de Dios para con nosotras.

Las decisiones que trazaron el rumbo de Rahab

Rahab había oído de las señales, prodigios y maravillas que el Dios de Israel había hecho. Los habitantes de Jericó estaban llenos de miedo, pues habían oído de cómo el Señor había salvado a su pueblo del faraón y de cómo le abrió un camino para que pasaran en seco a través del Mar Rojo, mientras que el ejército egipcio fue aniquilado. ¡Quien se mete con los hijos de Dios no le va bien!

Así que Rahab tenía la convicción de que ese Dios era el grande y todopoderoso. Él la escogió para la invasión a esa tierra. ¡Nada más y nada menos que la tierra de la promesa! Es que el Señor tiene planes muy grandes para ti.

Los espías que envió Josué para hacer un estudio militar de reconocimiento llegaron hasta donde estaba ella. Entonces, Rahab decide ayudarlos y protegerlos. Lo primero que hace es llevar a los dos hombres al techo de su casa y esconderlos bajo manojos de lino. A cambio, en un acto de fe, hace una negociación: Cobertura para toda su familia y para ella.

Rahab tomó una decisión. Pudo haber visto a los soldados de Israel como enemigos. Sin embargo, tuvo discernimiento y vio al ejército como los protegidos y respaldados por el Gran Yo Soy. Para quienes somos hijos de Dios, el discernimiento es filtrar todo a través del Espíritu Santo, y esto es un elemento clave para tomar las mejores decisiones. No deben tomarse por nuestros sentidos ni por nuestras emociones, mucho menos por la carne, sino guiados por el Espíritu de Dios. Cuando nos alejamos de esto, de seguro que fracasaremos. Podemos creer que tenemos las mejores estrategias, pero sin discernimiento fallaremos.

Rahab tomó una decisión asertiva. ¿Qué es la asertividad? Es la capacidad de tomar decisiones sabias, de manera libre, espontánea y racional. No hay temores dominando ni ansiedades innecesarias. Se tiene seguridad y confianza.

La vida de Rahab se transformó de forma radical cuando conoció a los espías y realizó negociaciones con ellos para su beneficio y el de su familia. A todas nos llega la hora de tomar una decisión que cambiará nuestras vidas para siempre.

Es poca la información que tenemos de Rahab desde un perfil psicológico. Lo que podemos identificar con toda seguridad es que tenía temor de perder su vida y la de su familia ante el pueblo israelita al conquistar Jericó. Rahab traicionó a su ciudad para pactar con los israelitas y ocultar a los espías prohibidos. Como resultado, Rahab salva a los suyos y a ella misma. Tuvo fe y su actitud provocó la atención de Dios a tal grado, que ella creyó y confió en la palabra de los israelitas que puso su vida en ello.

La decisión de esa negociación fue el comienzo de la caída de Jericó y el triunfo de Israel. No solo porque Rahab pudo ver una conveniencia para ella, sino también porque su corazón estaba creyendo en el Dios de los israelitas al punto donde puso su propia vida en peligro para proteger a los espías. Entonces, podemos concluir que la decisión más importante que tomó Rahab fue la de creer. ¿Qué es la fe? Hebreos 11:1 la describe de la siguiente manera:

Es, pues, la fe la certeza de lo que se espera, la convicción de lo que no se ve.

Precisamente en este capítulo de Hebreos en el que se hace un inventario de los héroes de la fe, se cita a Rahab como ejemplo. Una mujer del Antiguo Testamento se cita en el Nuevo Testamento. La fe hace que trascendamos a los tiempos para la gloria de Dios.

Por la fe Rahab la ramera no pereció juntamente con los desobedientes, habiendo recibido a los espías en paz. (Hebreos 11:31)

El Evangelio de Mateo la identifica como linaje escogido de donde proviene el Mesías, nuestro amado Señor Jesucristo. ¡Qué gran ejemplo de redención! De sospechosa reputación, Dios la señaló para que de ella descendiera directamente el Salvador del mundo. Muchas veces, los planes que Dios tiene no caben en los razonamientos humanos. La genealogía se describe así:

> *Salmón, padre de Booz, cuya madre fue Rajab; Booz, padre de Obed, cuya madre fue Rut; Obed, padre de Isaí.* (Mateo 1:5-6, NVI®)

Para que nuestro territorio espiritual y emocional se expanda hay que dejar las cosas viejas atrás. Debemos restaurar el interior y someternos a obediencia tomando decisiones contundentes para pasar a otros niveles. En la epístola de Santiago, a Rahab se le reconoce con una nueva identidad: de prostituta a justa. Veamos:

> *De igual manera, ¿no fue declarada justa por las obras aun la prostituta Rajab, cuando hospedó a los espías y les ayudó a huir por otro camino?* (Santiago 2:25, NVI®)

Cuando tomamos decisiones impregnadas con fe, solemos ver ante nuestros ojos la manifestación de lo extraordinario. La historia de Rahab demuestra que nadie es insignificante ante los planes perfectos de Dios. Él nos ve a todas, lee nuestros corazones y manifiesta su redención. Tiene contentamiento cuando descubre una chispa de fe, como la que había en el alma de Rahab. La fe de esta mujer la movió a actuar. Sin lugar a duda, ¡Rahab es un ejemplo digno de imitar en cuanto a la toma de decisiones con convicción y valentía!

Aspectos psicoespirituales de Rahab

Ahora, analiza los aspectos psicológicos y espirituales de Rahab y reflexiona cómo se aplican a ti misma:

1. Fue intrépida.
2. Negoció por su familia.
3. Miró hacia el futuro con esperanza.
4. Su pasado no la bloqueó para hacer cambios en su vida.
5. Puso la fe por encima del temor.
6. Convirtió la fe en acción.
7. Declaró la grandeza de las proezas de Dios.
8. Fue un hermoso ejemplo del poder que transforma todas las cosas.
9. Estaba muy clara y segura sobre las grandes maravillas que Dios había hecho con su pueblo.
10. Los portentos del Señor fueron una referencia para ella: Si los hizo antes, los puede volver a hacer.
11. Fue una mujer que demostró su inteligencia con estrategias impregnadas de astucia.
12. Recibió honra por atreverse a creer.

La historia de Rahab nos muestra, sin lugar a dudas, una experiencia psicosocial y espiritual. Su vivencia no es única. Son muchas mujeres las que han tenido que crecerse ante el prejuicio, el abuso y la adversidad.

A continuación, te expondré de manera sintetizada una historia o testimonio de una paciente que, para lidiar con sus dolores emocionales asociados al rechazo, el maltrato y el abuso, decidió sumergirse en el alcohol, las drogas, la promiscuidad sexual y en varias ocasiones intentó quitarse la vida. Todo esto fue así hasta que llegó el glorioso día en el que tomó la mejor decisión: Reconciliar su vida con Cristo, buscar ayuda profesional y permitir que el Espíritu Santo la sanara.

Espero con todo mi corazón que si te sientes igual que ella, creas que el Dios Todopoderoso tiene el poder para cambiar tu vida para siempre. Nadie merece seguir atrapada en el pasado ni en una falsa identidad. Hoy se abre una puerta frente a ti llena de victoriosas realidades. ¡Vamos! ¡Decide entrar por ella y camina! Puedes ser bendecida al poner en acción una decisión tomada con fe.

«Yo podría ser Rahab»

Durante el transcurso de nuestra vida pasamos por experiencias que nos marcan de manera positiva o negativa. Algunas se deben a que tomamos decisiones erróneas y otras a que las decisiones que tomaron otros nos afectaron directamente. En muchas ocasiones, nuestro dolor y nuestros traumas surgen como producto de alguien que no supo superar su propio dolor y lo perpetúa en sí mismo. De modo consciente o inconsciente se encarga de pasarlo a otros.

Crecí en un hogar donde abundaban la violencia y el maltrato. En ese tiempo, no había los recursos legales que existen hoy, lo cual hacía difícil tratar de conseguir una salida. Aprendí que existe la alta probabilidad de que una persona herida, herirá. No porque necesariamente eso es lo que quiere hacer, sino porque eso fue lo que aprendió durante su proceso de formación y no tuvo el apoyo necesario, o tal vez no pudo o no supo buscar ayuda para manejarlo.

La carencia de amor de figuras de autoridad creó grandes vacíos que, a la larga, busqué llenar de alguna manera. No recuerdo haber sido abrazada y nunca escuché un «Te amo» o «Te quiero» de mis padres. Hoy entiendo que uno no puede dar lo que no tiene, no porque no quiera, sino porque nunca lo aprendió y, por lo tanto, no puede expresarlo. Se vivieron tiempos donde proveer un plato de comida, una cama para dormir y ropa limpia que vestir eran las muestras de afecto. Doy gracias a Dios por lo que tuve y por lo que no tuve, pues Dios me iba formando en el proceso.

A los nueve años de edad, me enviaron a Puerto Rico para vivir con mi abuela paterna, decisión tomada con la mejor intención de protegernos del maltrato que vivíamos a diario. Había pasado unos cuatro meses y, un día, fui víctima de abuso sexual perpetrado por alguien ajeno al núcleo familiar. Viví una de las peores experiencias que una niña puede enfrentar. Solo lo supo mi abuela, quien no me permitió contarle a nadie más lo ocurrido. Según ella, mi silencio evitaría una desgracia. ¡Qué irónico! Sin embargo, le obedecí, y con cada día que pasaba, más crecía mi dolor, deseaba morir.

Asistí formalmente a la iglesia a los doce años. Aprendí a hablar con Dios. Aun así, seguía la tradición o me guiaba por el ejemplo que me daban otros, no por convicción. A los dieciséis años experimenté acoso sexual por un grupo de jóvenes adultos de esa iglesia. Por lo tanto, eso y otras cosas me desviaron de seguir buscando a Dios, y me alejé y no volví. Había prometido no tocar el tema de lo que viví, de ahí que comenzara a buscar maneras de «olvidarlo».

Quizá muchas personas no puedan entender por qué una persona cae en un vicio que le destruye la vida. Mi respuesta fue sumergirme en un estado de «ausencia», a donde la mente ya no piensa y no siente nada, pues aunque sea por un momento dejas de vivir en el dolor. Con esto, no trato de justificar mis acciones, pues existen medios para lidiar con nuestros traumas que son mucho más eficaces, donde lo primero es reconocer que necesitamos ayuda.

En mi adolescencia, ya conocía el dolor de las consecuencias que trae el uso del alcohol y las drogas, medios usados como escapes para llenar vacíos que solo pueden llenarse con el amor de Dios. Buscaba con desesperación sentir que alguien me amaba. Como resultado, lo buscaba en los lugares, las formas y las personas equivocadas. Quienes se me acercaban, tenían un solo fin, sacar ventaja de mis circunstancias. Cada día que pasaba era uno donde el dolor, la tristeza, el coraje, el desamor y el sentimiento de desvalorización crecían exponencialmente. Odiaba al que me había quebrantado, a los que tomaron ventaja de las circunstancias y participaron como cómplices. También me odiaba a mí misma por intentar ser amada y entregarme a personas que, al igual que el que me quebrantó, solo querían usarme y desecharme. Tomé decisiones al azar que me hicieron sentir cada vez más lejos de Dios. En demasiadas ocasiones intenté el suicidio, pensando que así les pondría fin a todos los desvaríos saturados de dolor y odio.

¡Cuán ciega estaba y qué lejos me encontraba de Dios! Corría y le huía porque no podía verlo como mi Padre. ¡Qué bueno que Dios nunca me dejó! Aun en mis peores momentos, siempre estuvo a mi lado, nunca se olvidó de mí, me perseguía como el Padre amoroso que va detrás de su hijita amada procurando que cada herida sanara y que no me lastimara más.

A los treinta y tres años, decidí reconciliar mi vida con el Señor. No fue fácil rendir mi voluntad, pues vivir con el corazón lleno de dolor y odio es difícil y toma tiempo. Sin embargo, los cambios son posibles cuando le permitimos al Espíritu Santo obrar y rendimos nuestra voluntad a Dios. Por lo tanto, me rescataron del poder de las tinieblas y me trajeron al reino de la luz de Dios.

Ahora puedo decir que soy el eslabón que rompió la cadena que había sobre mi vida. Soy fuerte y tengo el mismo poder que levantó a Cristo de los muertos morando dentro de mí. Soy un arma de justicia en un mundo de oscuridad. Yo no soy mi pasado ni lo que hice. Soy quien Dios dice que soy. Soy perdonada y perdoné al que me quebrantó en un encuentro propiciado por Dios en contestación a mi oración por libertad. Soy redimida y tengo el poder divino para demoler fortalezas. Tengo la mente de Cristo dirigiendo mis pensamientos. La Palabra de Dios guía mis pasos. Yo creo en Dios, su paz guarda mi corazón, mi mente y mi alma en Cristo Jesús. Mi Dios me ha dado un Espíritu de poder, de amor y de dominio propio. El Señor es mi ayudador y no tengo miedo. Soy bendecida y amo como Dios me ama. Nada puede separarme del amor de Dios.

Hace poco pasé unos días en la playa con mi familia. Para mí, una de las bendiciones de vivir en Puerto

Rico es que tiene playas que han ganado premios como las más hermosas del mundo. Caminar entre la arena y el mar siempre es una actividad relajante y puede ser muy divertida, sobre todo si uno le pone atención. En mi opinión, una de las formas en que Dios hace poemas es a través de la naturaleza, y si estamos alertas, también podemos derivar de ella grandes lecciones.

En esta experiencia decidí observarlo todo de forma intencional, con intensidad y asombro. Me encontré una gran cantidad de cristales marinos que son fragmentos de vidrio liso esmerilados de forma natural que se encuentran a la orilla del mar. Se forma cuando el vidrio, casi siempre de fragmentos de botellas, llega al agua y es esencialmente pulido por las olas, la sal y la arena. Este no es un proceso rápido; pueden pasar muchos años antes de que un trozo de vidrio se convierta en esa piedra preciosa que es el cristal marino. Así hace el Espíritu Santo con nosotras, como lo hizo con Rahab y también con esta victoriosa paciente, cuando de un material desechado y roto surge una impactante y esplendorosa belleza. Es que los golpes de la vida pueden producir algo muy precioso para la gloria de Dios.

Amada mujer, nuestra vida es muy apreciada delante del Señor. No importando cómo sucedieron y cómo afectaron tu vida ciertas circunstancias, delante de Dios tienes un valor inmenso e incomparable a tal grado que Jesús ofreció su vida por ti. ¿Sabes una cosa? Todas estamos en el tránsito de la vida, y lo cierto es que hay oportunidad de levantarse, crecer, apoderarse de las promesas de Dios y ser determinadas en la toma de las decisiones que nos favorezcan como lo hizo Rahab. Por eso, en este momento te pregunto: «¿Te quedas tirada en el suelo como un vidrio roto o permitirás que el Espíritu Santo te pula y saque de ti lo mejor?». ¡Confío en que escogerás lo mejor!

Oración

Amado Señor:
Necesito que me des la sabiduría y la valentía para
tomar las decisiones que me conducirán a los me-
jores cambios en mi vida. Ayúdame a discernir la
dirección que viene de ti. Déjame ver las cosas con
tus ojos y según tu plan para no equivocarme. Haz
que tenga los pies en la tierra, pero sin dejar de es-
cuchar la voz que proviene del cielo. Que siempre
sea guiada por ti en todas las cosas. ¡Tómame de la
mano! Confío en ti.
En el poderoso nombre de Jesús, amén.

Afirmaciones

Te invito a que hagas tuyas las siguientes declaraciones:

- Cada día es una nueva oportunidad que el Señor me da.

- Hoy empiezo de nuevo.

- El pasado no determina el presente ni el futuro.

- Dentro de mí están las fortalezas para tomar las
mejores decisiones.

- Activo la fe.

- Creo todas las promesas que el Señor me ha dado.

- Mi transformación es el sueño de Dios.

Tus propias afirmaciones

_____

_____

_____

_____

_____

Ejercicios

1. ¿Qué aspectos espirituales debo desarrollar para tomar las mejores decisiones? Por ejemplo: «Disciplina en mi vida devocional».

_____

_____

_____

_____

2. ¿Cuáles son las capacidades y los dones que poseo
   para tomar decisiones acertadas?

_____

_____

_____

_____

3. Si en estos momentos estás ante una decisión importante, limita tus alternativas a dos:

   Primera alternativa: _____

   Segunda alternativa: _____

4. Haz una lista de las ventajas y desventajas para cada una de las alternativas:
   a) Ventajas de la primera alternativa:

   _____

   _____

   b) Desventajas de la primera alternativa:

   _____

   _____

   c) Ventajas de la segunda alternativa:

   _____

   _____

   d) Desventajas de la segunda alternativa:

   _____

   _____

5. Reflexiona sobre la siguiente pregunta: «¿Eres de las personas que observan o de las que actúan?

   _____

   _____

   _____

   _____

Capítulo 10

Eva

Finales que son comienzos

> *«Y llamó Adán el nombre de su mujer,
> Eva, por cuanto ella era madre
> de todos los vivientes».*
>
> Génesis 3:20

Bueno, amada mujer, ya estamos casi al final de nuestra travesía de sanidad interior a través de las experiencias de las mujeres de la Biblia. Espero que haya sido una vivencia tan fascinante para ti como lo ha sido para mí. Creo que continuarás en esta maravillosa ruta llamada «vida terrenal» tomada de la mano de un Dios que es amor, misericordia y fidelidad.

La primera mujer

Ahora, vamos a adentrarnos en la primera mujer y en todo lo que de ella podemos aprender. La Biblia no aporta muchos detalles sobre la vida de Eva. Por lo tanto, poco se sabe de su biografía más allá de lo que se informa en los primeros capítulos del Génesis. Sin embargo, es de gran relevancia conocer a la primera mujer que estableció una brecha y marcó el inicio de cada una de nosotras como mujeres.

La raíz etimológica del nombre *Eva* viene del hebreo *ḥavvâ*, que quiere decir «vida». Si hay una mujer que tiene un papel único y fundamental en la humanidad, esa es Eva.

¿Qué es lo primero que te viene a la mente cuando escuchas el nombre de esta mujer bíblica? De seguro que te sería lo mismo que a mí. De inmediato se presenta la imagen de un árbol en el centro del huerto del Edén, con una serpiente colgando cerca y mirando con fijeza mientras una mujer toma del fruto prohibido. Entonces, como resultado, el pecado se extiende hacia toda la humanidad y con este el sufrimiento. Sin duda, esa no es una forma muy bonita de recordarla, ¿verdad? Lo triste y lastimoso es que esto forma parte de la historia de Eva relatada en los primeros capítulos de Génesis.

Sin embargo, descubrí, y tú lo harás también, que eso no es todo acerca de esta mujer. Cuando estudio en profundidad la historia de Eva, puedo ver el reflejo de muchas de nosotras las mujeres que enfrentamos grandes retos, cambios y caminos desconocidos. Lo que más me ha hecho reflexionar al estudiar el perfil psicológico y espiritual de Eva es que hay finales que son comienzos.

Su vida tiene mucho que enseñarnos acerca de cómo es Dios y de qué manera hace las cosas. El carácter del Padre celestial está expuesto en sus intervenciones con Eva. Más allá de la explicación sobre cómo entró el pecado y la muerte a nuestro mundo, todo lo sucedido con Eva nos conecta con la naturaleza misma del Dios Altísimo. En Génesis se nos presenta una información muy importante. Veamos:

> *Y dijo Dios: Hagamos al hombre a nuestra imagen, conforme a nuestra semejanza; y ejerza dominio sobre los peces del mar, sobre las aves del cielo, sobre los ganados, sobre toda la tierra, y sobre todo reptil que se arrastra sobre la tierra. Creó, pues, Dios al hombre a imagen suya, a imagen de Dios lo creó; varón y hembra los creó.* (Génesis 1:26-27, LBLA)

El lugar de la mujer

El primer capítulo de la Biblia comienza con la narrativa de la creación de manera general. Allí se nos muestra el origen del universo y se detalla cómo se crearon todas las cosas en nuestro planeta, incluyendo al ser humano, varón y hembra, ambos hechos a imagen y semejanza de Dios. Esto no solo le otorgó al ser humano una dignidad diferente respecto al resto de la creación, sino que puso al hombre y a la mujer en una condición de igualdad entre ellos dos delante de Dios. Entiende esto, por favor, tanto él como ella tienen el mismo valor y la misma dignidad. Ambos habrían de representar a Dios en la tierra. Ninguno era más que el otro. Varias veces he escuchado esta cita:

> «*La mujer salió de la costilla del hombre, no de los pies para ser pisoteada, ni de la cabeza para ser superior, sino del lado para ser igual, debajo del brazo para ser protegida y al lado del corazón para ser amada*».

Talmud

Antes de la creación de la mujer, en el capítulo 2 de Génesis, Dios dijo: «No es bueno que el hombre esté solo; le haré ayuda idónea para él» (v. 18). Por lo tanto, este pasaje establece el propósito con el que Dios creó a la mujer: *ser ayuda idónea para el hombre*. Esto muestra que, a pesar de que las mujeres tenemos igual dignidad que los hombres, desempeñamos un papel diferente y específico.

También es evidente que Adán se encontraba en una crítica situación emocional, donde el sentimiento de la soledad arropaba todo su ser. Lo interesante ante todo esto es pensar que Adán, aun contando con la presencia de Dios, se sintió en soledad.

Así que Dios toma la decisión de satisfacer la necesidad emocional de Adán al brindarle una alternativa de gloria y de relevancia para su vida: dándole una compañera, una mujer. Es maravilloso ver cómo Dios ha integrado a la mujer como el prototipo sanador para el hombre, y esto se encuentra alineado con lo que encontramos más adelante en la Biblia:

> *La mujer virtuosa es corona de su marido.*
> (Proverbios 12:4)

Siempre se nos ha enseñado y hemos concebido en nuestra mente juzgar a Eva como la causa de todos nuestros males hasta el presente. Sin embargo, nunca se nos ha enseñado las virtudes de esta mujer. Es maravilloso poder conocer un poco más de Eva desde la visión de ser la mujer que brindó la medicina a su compañero para sacarlo del aturdimiento y del desequilibrio por no tener una respuesta ante la falta de una relación: «Estoy solo». Por eso las mujeres tenemos la capacidad de bendecir a otros a fin de ayudarlos en su soledad. Además, como poseemos esa capacidad sanadora, también la podemos usar hacia nosotras mismas, siempre con la ayuda del Señor, pues sin Él nada podemos hacer.

Eva fue la primera mujer llamada esposa. Hecha del hombre, se convierte en su compañera. Dios ve que, a pesar de que Adán era de una inocencia perfecta, no era bueno que estuviera solo. Así que decidió que debía tener esposa, una ayuda, tanto en lo espiritual, como en lo intelectual, en lo físico y en lo social. Necesitaba a alguien con quien compartir su vida, alguien a quien querer, alguien con quien tener hijos, ya que el mandato que Dios era de multiplicarse y llenar la tierra.

La misericordia y la gracia de Dios

Esa mujer que Dios creó como modelo de perfección cae por la desobediencia, pero esto nos conecta con la realidad de que Él redime y, a quien pecó, le manifiesta su misericordia. Dios la pudo haber destruido. Sin embargo, no la desechó a pesar de las consecuencias que tuvo que enfrentar, sino que vislumbró un futuro para Adán y para ella. ¡Sus misericordias son infinitas y nuevas cada mañana!

*Por la misericordia de Jehová no hemos sido consu-
midos, porque nunca decayeron sus misericordias.
Nuevas son cada mañana; grande es tu fidelidad.*
(Lamentaciones 3:22-23)

La misericordia de Dios es una realidad que se manifiesta a través de toda la Biblia. La gracia de Dios a menudo se hace evidente en toda su hermosura dentro de
las intervenciones con sus hijos:

Noé

Cuando el mundo estaba tan lleno de pecado que tuvo que
destruirlo, la gracia de Dios salvó a Noé y a su familia.

Los israelitas

Cuando los israelitas se rebelaron de manera tan abso-
luta que el cautiverio resultó inevitable, la gracia de Dios
les prometió restauración. Él los amó a pesar de su re-
belión y falta de gratitud.

David

David, un hombre conforme al corazón de Dios, derribó
al gigante Goliat. Sin embargo, mientras el juicio de Dios
caía sobre David por el pecado cometido con Betsabé,
la gracia de Dios les dio a Salomón como hijo y sucesor.

La mujer adúltera

La mujer sorprendida en el acto de adulterio, corre a
Jesús para ser protegida. La Biblia dice que el Señor se
agachó y escribió en el polvo con su dedo (lee Juan 8:6-
11). No se sabe lo que escribía. Algunos estudiosos plan-
tean que quizá fueran los pecados de los que estaban

en la escena con piedra en mano listos para apedrearla. Los hombres se dispersaron, y Jesús dijo:

> *Mujer, ¿dónde están los que te acusaban? ¿Ninguno te condenó? Ella dijo: Ninguno, Señor. Entonces Jesús le dijo: Ni yo te condeno; vete, y no peques más.* (Juan 8:10-11)

¡Él siempre elige extender su misericordia! Por eso hoy te digo, amada mujer, que has quedado atrapada en el glorioso amor del Señor.

Pablo

Saulo, el nombre que tuvo Pablo antes de su conversión, le dio apoyo a la cruzada contra el cristianismo. Fue responsable de la muerte de cristianos. Sin embargo, Jesús lo alcanzó. Lo llamó a ser apóstol y separado para el evangelio del Señor. En cada una de sus cartas expone la gracia y la misericordia, pues las experimentó de primera mano.

Características de la misericordia de Dios

Cuando estamos en nuestro punto más bajo, de rodillas ante el juicio de Dios, nunca olvidemos que su gracia sigue obrando. ¡Esto es asombroso de veras! Estoy segura de que tú también tienes testimonios de cómo Dios ha manifestado su extraordinaria misericordia en tu vida.

La misericordia de Dios tiene las siguientes características:

- Es perdón para que podamos seguir adelante.
- Es un reflejo directo de su amor por nosotras.

- Es infinita.
- Es nueva cada mañana.
- Es un acto de bondad, compasión y favor.
- Es ser justificadas por gracia.
- Es una fuente de gozo.

La historia de Eva es una historia de gracia. Por causa de la obra de nuestro Dios, no solo podemos recordar lo malo de su vida, sino el increíble amor que recibió, por el cual se convirtió en madre de todos los vivientes. Esta misma gracia se nos ofrece a nosotras en Jesús. Incluso, vemos la providencia de Dios en los pasajes relacionados con la historia de Eva. Dios le dijo:

Y pondré enemistad entre ti y la mujer, y entre tu simiente y la simiente suya; esta te herirá en la cabeza, y tú le herirás en el calcañar. (Génesis 3:15)

Dios no dejó a Eva desprovista de misericordia, de redención, de una palabra profética que a través de su descendencia vendría un personaje que restablecería todo lo perdido en el principio de la historia humana. ¡Cuán misericordioso es nuestro Dios que también ha hecho provisión para nosotras!

La redención de Eva es igual a tu redención, mujer de Dios, pues está llena de oportunidades ante su presencia. La esclavitud de la culpa, la tristeza, la frustración, la impotencia, la angustia y los remordimientos ya se vencieron. Estos sentimientos tienen que quedarse atrás. Tu deber es avanzar en el reino de Dios, pues a través de ti el Señor hará proezas.

En Dios haremos proezas, y él hollará a nuestros enemigos. (Salmo 60:12)

El sentimiento de culpa por el pecado

Eva cometió un error, y aunque fue de gran magnitud, el Dios de las múltiples misericordias tuvo en consideración su alma. Al reconocer el error que cometió debido a la seducción de Satanás, su alma se volcó en emociones de acusación, sentimientos de culpa y con gran posibilidad su voz interna le decía: *¿Qué has hecho?*

La voz acusatoria de su propia alma y la voz de Dios al preguntarle sobre su acción, condujeron a Eva a una crisis entre su alma y Dios. Así lo narra la Biblia:

> *Y oyeron la voz de Jehová Dios que se paseaba en el huerto, al aire del día; y el hombre y su mujer se escondieron de la presencia de Jehová Dios entre los árboles del huerto. Mas Jehová Dios llamó al hombre, y le dijo: ¿Dónde estás tú? Y él respondió: Oí tu voz en el huerto, y tuve miedo, porque estaba desnudo; y me escondí. Y Dios le dijo: ¿Quién te enseñó que estabas desnudo? ¿Has comido del árbol del que yo te mandé no comieses? Y el hombre respondió: La mujer que me diste por compañera me dio del árbol, y yo comí. Entonces Jehová Dios dijo a la mujer: ¿Qué es lo que has hecho? Y dijo la mujer: La serpiente me engañó, y comí.* (Génesis 3.8-13)

El sentimiento de culpa, casi siempre va acompañado de tristeza, frustración, impotencia, angustia, remordimientos y otros sentimientos que opacan los pensamientos. Suele traerle lloro y pesar al alma. Una de sus mayores complejidades es que en la culpa nos da coraje con nosotras mismas. Sin lugar a dudas, este es uno de los sentimientos más difíciles de manejar y que implica más esfuerzos en terapia para superarlos. En realidad, hay personas que nunca los superan. Eva los sintió al fallarle a Dios. En cambio, sentirnos perdonadas por Dios y perdonarnos a nosotras mismas son las dos estrategias principales que deben utilizarse para lograr la sanidad de la culpa.

La liberación de la culpa promete crecimiento, independencia, sanidad y paz. A fin de redimirnos de la culpa se necesita poner en acción los siguientes elementos:

- Comprender la situación al reflexionar sobre lo ocurrido.
- Aceptar el error cometido y que te equivocaste, de modo que acalles la voz interna que te juzga, ya que esto no cambia la persona que eres tú en dignidad y valor.
- Tener compasión contigo misma a través del perdón.
- Asumir la responsabilidad del error cometido al reconocerlo.
- Pensar en reparar el daño si es posible.

El valor de la mujer para Dios

Son muchas las mujeres que se pueden identificar con Eva por su vida marcada por un suceso, por una angustia. Sin embargo, una promesa se le expone a cada mujer que alza sus ojos al Altísimo y Dios honra su promesa en ti. La Palabra dice: «La mujer sabia edifica su casa» (Proverbios 14:1). Así que es tiempo de resaltar la sabiduría en ti por parte de Dios.

Desde un principio de la historia de la humanidad, hemos visto que por una mujer se dio la promesa de gracia y gloria para un Redentor y que, además, Dios resalta a la mujer con características sublimes y ministerios:

Mujer virtuosa, ¿quién la hallará? Porque su estima sobrepasa largamente a la de las piedras preciosas.
(Proverbios 31:10)

¡Qué hermosas palabras cuando en la Biblia ponen en un estandarte tan alto a la mujer y declarar que está por encima de las piedras preciosas! ¿Sabes una cosa? ¡Dios no abandonó ni rechazó a Eva! En cuanto a ti, Dios no te va a dejar ni a rechazar, pues Él ve que eres un tesoro mayor que el de las piedras preciosas. Mujer de Dios, TÚ VALES DEMASIADO PARA DIOS.

La voz de Dios contra las voces externas

Algo importante sucedió con Eva debido a los hechos en el Edén, y fue al escuchar la voz de Dios. Cuando se pierde el contacto con la esencia divina por errores cometidos en la vida, es necesario hacer un alto para analizar lo ocurrido en el pasado. Como ya vimos, Eva se dejó seducir por una propuesta errónea y sin fundamento. Entonces, en el momento que acepta esa proposición, pierde su esencia divina, su marido la acusa y, sobre todo, tiene que enfrentar a Dios. Sin duda alguna, Eva tuvo que soportar muchas cargas emocionales y espirituales por su error.

El dolor y la vergüenza hacen su aparición en el escenario de la vida de esta gran mujer. Sí, y digo que es una gran mujer, pues Eva es el prototipo de la mujer de hoy en día, ya sea que cometan o no errores. Es evidente que Eva no perdió la misión que se le encomendó en el comienzo de la historia, pues la redimieron. Tuvo su perdón y se le llama madre de todo ser viviente. ¡Gran responsabilidad! Su propósito incluía ser la ayuda idónea y compañera de vida de su esposo (lee Génesis 2:18), así como madre y protectora.

Aun con todo lo mencionado, se recuerda a Eva como la mujer que hizo caer a Adán, la mujer que trajo el pecado y, por consecuencia, la muerte. En fin, para muchos, Eva no es más que la causante de los males de la tierra. ¿Te ha pasado lo mismo que a Eva? ¿Has experimentado que todos te juzguen por tus acciones? ¿Has creído que eres culpable de alguna situación que te ha detenido en el camino?

Te puedo comprender si te has estancado en el camino por estar en piloto automático pensando en lo que otros quizá digan de ti. Es una carrera sin freno y una eterna lucha con el pensamiento y la realidad. Eva fue la primera mujer incomprendida y juzgada. La primera mujer engañada en la historia de la humanidad. Y nos podemos preguntar: ¿Qué llevó a Eva a caer con tanta facilidad ante un engaño de una voz que le habló? ¿Qué provocó que escuchara una voz externa que vino para quitarle su valor y propósito?

Eva no tomó una buena y agradable decisión, una decisión sin fundamento. El precio que tuvo que pagar fue estar ante la presencia misma de Dios, y rendirle cuentas al Altísimo por lo que debía hacer y no hizo. Es imperativo que cuando se establece una orden de alerta a nuestras vidas, debamos hacer caso y estar atentas a las voces externas que pueden dañar o distorsionar la esencia divina en nuestra vida.

¡Qué triste es ver que una decisión mal infundada en nuestras vidas malogra proyectos que se han establecido como prósperos! Decisiones que, en vez de ser de bendición, ¡traen maldición a nuestro ser y pueden afectar a personas que son importantes para nosotras! No solo esto, sino que trae amargura, desalientos, ansiedades y hasta depresión. Dios no quiere que vacilemos entre dos pensamientos, sino que tengamos presente que el consejo de Dios brinda vida... ¡y vida en abundancia!

Es menester estar atentas a las palabras externas, a los susurros que llegan a nuestros oídos. A veces las palabras y esos susurros empalagan nuestros sentidos y caemos en la seducción. Esto se debe a que deseamos escuchar palabras bonitas, palabras que nos llegan al alma, al corazón, palabras que consideras que te pueden entronar en la silla de poder. Sin embargo, lo triste es que luego de la seducción nos damos cuenta de que todo fue una trampa que trajo desaliento, lloro y tristeza a nuestras vidas. Mira las palabras seductoras que escuchó Eva:

> *Pero la serpiente era astuta, más que todos los animales del campo que Jehová Dios había hecho; la cual dijo a la mujer: ¿Conque Dios os ha dicho: No comáis de todo árbol del huerto?* (Génesis 3:1)

Las relaciones sociales que Eva tenía en ese momento del engaño estaban relacionados únicamente con su Creador y con su compañero de vida, Adán. Hasta ese momento, las únicas voces que había escuchado eran solo dos, aun cuando una voz provenía de un Espíritu. Entonces, se abre la brecha de algo nuevo, desconocido y curioso. ¡Una serpiente que habla! Una voz externa que llegó para socializar en un cerebro que todavía no tenía ninguna representación de lo que eran las relaciones sociales, debido a que estaba sola en un nuevo momento de su vida. Una voz externa con una pregunta. Se trataba de un cuestionamiento que, hasta el momento, Eva no sabía cómo afrontar. Una voz externa con una oferta que no pudo pesar en balanza, ni tener en cuenta las consecuencias. Solo contaba con una orden en medio de todo lo que le rodeaba.

¿Has experimentado alguna vez el sonido de una voz externa que quiere ofrecer algo bueno en apariencias pero que su fin es alejarte del propósito de Dios? Las palabras no se las lleva el viento. Las palabras tienen poder. Es más, hay una tendencia a que si las palabras nos la repiten o nos las dicen de manera contundente, las podemos llegar a creer aunque sean una mentira.

Las voces internas y externas

Hace poco, durante mi segmento en la radio, hice una investigación con mujeres a través de las redes sociales sobre las voces internas y externas que han tenido un impacto en sus emociones y en su relación con Dios. A continuación te muestro algunas de las respuestas que recibí de mis oyentes. Así que te invito a leerlas y meditarlas, pues pueden ser voces con las que te identifiques.

- «Durante mi infancia escuché voces que me decían: "No podrás alcanzar nada en la vida" y "Eres una buena para nada"».
- «Debido a que me quedé embarazada a los diecinueve años, mi padre me dijo que lo había decepcionado. Desde ese momento mi relación con él tuvo un cambio. Busqué aprobación en otros y nunca la encontré, hasta que entendí que lo que buscaba en las personas solo Dios lo podía dar».
- «Mi abuela me decía: "Eres una inútil". Me lo creí por mucho tiempo hasta que el Señor me liberó».
- «Cuando yo era joven, mi padre se burlaba de mí frente a otras personas sobre mi físico. Me decía palabras comparándome con animales o cosas. Creó en mí inseguridad, sentido de insuficiencia y de no ser digna de amor».
- «Cuando estaba en actividades con mi familia, escuchaba una voz en mi interior que me decía que no era importante para ninguna de las personas que estaban allí».
- «Para mí, lo que me marcó fue la voz de mi padre biológico. Cuando tenía unos quince años de edad, me dijo: "No quería que tú nacieras. No te amo. Mi deseo es que fueras varón"».

- «Cuando hace muchos años escuché a mi pastora en ese entonces decir varias veces que la depresión es ausencia de Dios, esto trajo mucha confusión a mi vida. Por lo tanto, hizo que me sintiera mal, pues pensaba que no tenía una relación genuina con el Señor y que lo estaba defraudando».
- «Me dijeron: "Aunque la mona se vista de seda, mona se queda". Estas palabras distorsionaron mi autoestima. Se me hacía difícil aceptar que era digna del amor de Dios».
- «Pertenezco a cinco comités dentro de la iglesia. Hace una semana me preguntaron si podía pertenecer al banco de personas que dirigen los domingos y contesté que no. Como resultado, recibí una descarga de varias hermanas recriminándome que tenían más tareas que yo. También ayer tuve que recibir tres horas de recriminaciones del padre de mi hijo, diciéndome que no podía contar conmigo para nada, pues lo único que hacía era estar metida en la iglesia. Sé que el equilibrio en mi vida lo establezco yo. Aun así, esto es un asunto que no debería pasar en las iglesias. Al fin y al cabo, quien trabaje más o menos en la obra de Dios es un asunto personal y voluntario, y nadie debería juzgarte y menos en la iglesia. Esto es algo irónico por completo, unas dicen que no es suficiente, mientras que el otro dice que es demasiado».
- «Un familiar muy cercano siempre me decía: "Tú no sabes lo que es el amor de madre". Eso me causaba un dolor muy grande en mi corazón porque no he podido tener hijos».
- «La voz de mi madre era que, por mejor que hiciera las cosas, nunca hacía nada bien para ella. Eso ha creado muchas inseguridades que aún no supero».

- «Satanás siempre me ha hecho sentir que no pertenezco, que no soy importante. Cuando la realidad es que Dios me ama mucho».
- «La gente me sigue sentenciando por lo mismo que aún no he superado, sin saber que lo más que deseo en mi vida es abrir un capitulo nuevo».
- «La gente me dice que solo soy valiosa si logro una carrera universitaria y tengo dinero. De lo contrario, soy una incapaz».
- «Mi familia me abandonó, sobre todo mis padres, y por mucho tiempo la voz que escuché fue con la palabra *huérfana*. Sin embargo, una familia cristiana me crio y comenzaron a declarar sobre mi vida de manera diferente. Hoy puedo testificar que recibí sanidad emocional».
- «Oí voces humanas que me condujeron a pecar. Los oídos se convierten en la puerta hacia nuestros sentimientos, y es muy fácil caer cuando te dicen lo que necesitas y quieres escuchar».
- «Mi familia me decía que era fea, que no podía hacer nada en la vida. También me decían que mis primos y mis hermanos eran mejores que yo. Esas voces externas fueron haciendo nido en mi mente y en mis emociones. Hace cinco años me divorcié, siendo hija de pastor, pero sé que voy en camino de mi sanidad».
- «A mi hermana menor la comparaban conmigo, decían que ella era un hermoso capullo de rosa y que yo era una rosa marchita».

Las voces externas pueden convertirse en voces internas teniendo un impacto en la autoestima, el autoconcepto, la seguridad, las relaciones interpersonales y la confianza en ti misma, entre otras cosas. Como resultado, pueden provocar que trates de llenar vacíos en cosas fuera de Dios. Entonces, ¿cómo se resuelve esto si está sucediendo? Quizá esta sea una pregunta que te estés haciendo en estos momentos.

En la neurolingüística se hacen ejercicios para modificar pensamientos, creencias y conductas a través del lenguaje. Se hacen programaciones en la mente mediante las palabras para sustituir los pensamientos que nos dañan. Si las voces negativas han quedado impregnadas en nosotras, se hace una sustitución con un nuevo pensamiento y nuevas verbalizaciones. Por ejemplo: Si las voces externas te dijeron: «Tú no vales», de inmediato haz la reconstrucción y afirma en voz alta: «Yo valgo mucho».

Lo más importante de la programación neurolingüística es que encontremos una nueva forma de pensar en nuestra vida y sustituir esas voces de destrucción por una que nos transformen creando nuevas rutas mentales. Cuando hacemos esto, salimos del estancamiento, de los complejos, de los temores, de las inseguridades y de las culpas que no abonan nada. Haciendo este ejercicio podrás tener una percepción más clara de ti misma y de los demás. En mi opinión, lo que genera mayor eficacia es cuando fusionamos esta técnica con el sello de la Palabra de Dios. Por ejemplo:

- Pensamiento original producto de una voz negativa: «Yo no puedo hacer nada bien».

- Pensamiento trasformado para repetirlo en voz alta hacia ti misma: «Todo lo que me proponga hacer yo puedo lograrlo».

- Utilización de un texto bíblico para reforzar la nueva afirmación: «Filipenses 4:13 dice que "todo lo puedo en Cristo que me fortalece"».

Ahora, te invito a reflexionar en la historia que leerás a continuación y a que evalúes cuánto puede parecerse a tu propia experiencia de vida.

«Yo podría ser Eva»

Hace un tiempo atrás, una joven comenzó un ministerio de cantar y predicar. Con una guitarra y su Biblia, llevaba el mensaje de restauración. Su forma era peculiar, fogosa, alegre y con unción. Una unción que le costó lágrimas, procesos, soledad y momentos que son los que producen un cada vez mayor peso de gloria en la vida del ser humano al mantenerse mirando al blanco de la soberana vocación. Esta joven tenía dieciocho años de edad y cargaba entre sus historias un diagnóstico. Sin embargo, no se detenía y llevaba con pasión la palabra de restauración. Dios le había hablado a sus doce años de edad que iría a naciones con su Palabra, con la guitarra y las alabanzas, que desde esa temprana edad ya componía, así como con sus reflexiones y escritos.

Llegó un día en el que una voz extraña comenzó a acercársele para ofrecerle una aparente gloria o nivel mayor de exposición. Esto se presentaba mediante una credencial que sería única y que abriría más puertas. La joven se da cuenta de que en el tono de la voz había mucho más que un ofrecimiento; había una intención. Una intención de colocar una barrera al propósito de Dios en su vida. Entonces, la joven se va en oración y le dice al Señor: «No quiero credenciales que abran puertas de hombres. Si dijiste que iría a las naciones, iré en tu nombre. Iré sin grandezas, ni poderes, ni movimientos de hombres. Sé tú mi representante y mi protector».

Esa oración marcó la vida de esta joven, pues la respuesta que recibió fue: «No la tomes. Yo soy quien abro puertas que el hombre no puede cerrar, y cierro puertas que el hombre no puede abrir».

Obediente, la joven respondió que no era necesario. Pasaron unos pocos días y entendió la respuesta a su oración. La joven recibe una llamada de alguien cuestionado su decisión. El cuestionamiento incluía una palabra que decía: «Necesitamos saber dónde estás, a dónde vas, con quién te rodeas y no queremos que crezcas demasiado, porque la mucha letra mata».

Quizá esto le sea un poco difícil de entender a una joven. No obstante, la joven prosiguió en el llamado tal y como lo había iniciado: con el valor y la responsabilidad que eso implicaba, y con el respaldo y la aprobación que requería. Entonces, cada vez más su agenda se llenaba. De día vivía su diagnóstico de epilepsia y de noche vivía su ministerio. Jamás sufrió un episodio de epilepsia en un altar. La joven nunca olvidará el comienzo de todo, después de no escuchar una voz externa que vino a ofrecerle algo aparentemente bueno, pero con la intensión de detener su propósito en Dios. Ese comienzo lo marcó el cumplimiento de una promesa. Luego de decidir no escuchar las voces externas, experimentar el cuidado de Dios, el abrazo del Padre que te seleccionó y la bendición del Amado que ama tu alma, es una de las experiencias más hermosas.

Te preguntarás cómo puedo dar detalles tan profundos de esta joven. Quiero decirte que esa joven soy yo. Sé lo que es escuchar voces externas que te ofrecen gloria y posiciones de hombres, pero que no cumplen con la intención de Dios en tu vida. El salmista dijo:

Jehová cumplirá su propósito en mí; tu misericordia, oh Jehová, es para siempre; no desampares la obra de tus manos. (Salmo 138:8)

Él cumplirá su propósito, aun cuando caigamos en la tentación de querer adelantar su promesa dada a nuestra vida. Eva no solo experimentó la caída, sino que la levantaran con la gracia divina. Yo experimenté el cuidado de Dios cuando fui obediente a su voz que me dijo que no aceptara los ofrecimientos que parecían buenos, pero que no lo eran. Mi decisión me costó improperios, prejuicios, señalamientos. Sin embargo, hoy doy gracias y reafirmo que siempre el lugar de mi representante será para Aquel que me dio la vida, que me sanó, me levantó, me restauró, me libró de todos mis temores y me dio un diseño único para su gloria.

La historia que acabas de leer en «Yo podría ser Eva», escrita por una colaboradora en el ministerio, nos enseña algo muy importante acerca de cómo debe ser nuestra relación con Dios. Lo cierto es que cuando agudizamos nuestros oídos espirituales, tenemos la capacidad de escuchar la voz de nuestro Amado. Por eso es que si esperamos en Él, sabemos qué decisión tomar cuando nos dice lo que debemos hacer o incluso cuando guarda silencio. Es más, tenemos la capacidad de tomar los «no» como la respuesta positiva que nos llevará hacia donde Él quiere. Aunque tenemos sus promesas, también vendrán voces externas que llegarán para probar en quién creemos y esperamos, y que solo escuchamos la voz de Aquel que ama nuestra alma. Así que identifica qué voces están llegando para apartarte de sus promesas y vuélvete para escuchar la voz de Aquel que hablará en tu interior y te hará experimentar su paz. Mujer, ya tienes un propósito muy glorioso. ¡Adelante!

Oración

Dios de infinitas misericordias:

Eres el Dios de los nuevos comienzos y las nuevas oportunidades. Te doy las gracias por todo lo has hecho para traerme hasta aquí y por el plan que tienes delante de mí. Aun lo que creía que era un final, para ti es una brecha de gloria que se abre frente a mí. Ayúdame a no perder la esperanza. Me prometiste un futuro que es bueno, pues así son tus pensamientos para conmigo.

Reconozco que mis decisiones han tenido consecuencias, pero por encima de todo veo la manifestación de tu gracia y tu incesante misericordia. ¡Gracias por elegir abrazarme! Permíteme escuchar tu voz por encima de cualquier voz contraria. Hoy se cierra un libro. Sin embargo, otro libro se abre con sus páginas en blanco donde se escribirá la mejor historia, esa que tú, amado Señor, tienes preparada para mí.

En el poderoso nombre de Jesús, amén.

Afirmaciones

Te invito a que hagas tuyas las siguientes declaraciones:

- La misericordia de Dios me arropa.
- Recibo con gratitud el perdón del Señor.
- He caído, pero con la ayuda del Señor me he levantado.
- Cancelo cada voz externa que crea alguna distorsión en mis emociones.
- Tengo la capacidad y la autoridad para transformar todo pensamiento negativo en palabras de bendición.
- Voy a creer la verdad de Dios y no las mentiras del diablo.
- No estoy frente a un final, sino ante un comienzo lleno de esperanza.

Tus propias afirmaciones

_____

_____

_____

_____

_____

_____

Ejercicios

1. ¿En qué forma te identificas con Eva?

_____

_____

_____

_____

_____

2. ¿Cuáles son las voces negativas, ya sean externas o internas, que has creído y generado una distorsión en las emociones o en tu relación con Dios?

_____

_____

_____

_____

_____

3. ¿Qué te vas a decir a ti misma para combatir las voces negativas?

_____

_____

_____

_____

_____

4. ¿Qué vas a hacer de ahora en adelante para vivir de una manera más sana en tu interior?

_____

_____

_____

_____

_____

Reflexiones finales

Amada lectora, si todavía no has hecho la decisión de dejar entrar a Cristo en tu corazón, o alguna vez aceptaste al Señor en tu vida pero te has apartado de Él, te invito a que repitas en voz alta la siguiente oración:

Señor Jesús:
Reconozco que te necesito, que tú moriste en la cruz por mi salvación. Te pido perdón por todos mis pecados. Te abro las puertas de mi corazón, te entrego mi vida, entra en mí. Te acepto como mi Señor y Salvador. Límpiame con tu sangre preciosa. Mi vida es tuya y te pertenece. Afirmo que nada de lo que he vivido, nada de lo que se ha creado y nada que opera desde lo profundo podrá apartarme de tu amor.

Escribe mi nombre en el Libro de la Vida, donde nunca se borrará. Haz de mí la persona que tú quieres que yo sea según tus propósitos. En el nombre de Jesús, ¡AMÉN!

Si permitiste que Cristo entrara en tu vida, ¡te felicito! Tomaste la mejor decisión de tu vida. Quiero que sepas que Él te ama infinitamente.

¡Hoy comienzas de nuevo!

Agradecimientos

La gratitud implica detenerse, reflexionar y conectarse con esas personas que son heroínas de la luz y que han traído a nuestras vidas un cargamento de bendiciones. Los agradecimientos en un libro son esa maravillosa forma de mencionar sus nombres y honrarlos.

Amado Dios, mi Padre celestial. Cuando miro en retrospectiva la historia de mi vida, no dejo de maravillarme por la orquestación perfecta que has realizado. Te doy las gracias por todo lo vivido, incluyendo esas experiencias que me han dado las lecciones necesarias para llevar el mensaje de la restauración, no por lo estudiado, por lo aprendido en libros ni por lo escuchado de mis pacientes, sino por la ruta transitada hacia mi propia alma. Gracias por la belleza de poder escribir este libro que fue adentrarme más en tu poderosa Palabra... ¡y estar ahí adentro siempre es una vivencia transformadora por completo!

Doy gracias infinitas a mi esposo Luis Armando. ¡Amor mío! También a mi querido hijo, Adrián Emmanuel, a quien todas las mañanas le digo con estruendosa voz: «¡Dulce amor de mamá!». En todos mis libros escribo sobre ustedes porque me inspiran. ¡Son mis compañeros de milicia! Gracias por acompañarme de manera física, emocional y espiritual en todo con amor, entusiasmo, paz y con ese bello don de servicio que los caracteriza a los dos. Sus vidas completas son un milagro y me reafirman que Dios nos da mucho más allá de lo que podemos soñar.

A valientes pacientes de mi oficina de consejería y a algunas incondicionales amigas que han contribuido con sus historias de vida. El segmento en cada capítulo «Yo podría ser...» es una exposición de dolores, pero también de grandes victorias, y esto las convierte en una gran inspiración y una fuente de esperanza para las lectoras de este libro.

A la Editorial Unilit, después de la celebración del éxito que ha sido el libro *Gana la batalla en tu interior,* fue una gran emoción que me solicitaran escribir este nuevo libro con un tema que verdaderamente me apasiona. Gracias por contribuir de formas tan necesarias al desarrollo de la mujer en todos sus matices, y gracias por creer en el depósito del Espíritu Santo en mí. Contar con el amor y el entusiasmo que han tenido con este proyecto es una bendición indescriptible.

A Lorraine Blancovitch, Publisher de Unilit. Trabajamos mano a mano en este proyecto. ¡Creo que hacemos un equipo extraordinario! Lo mejor es que en cada llamada o reunión no faltan las carcajadas. Gracias por ser una aliada en esta maravillosa misión de transformar vidas.

A la editora Nancy Pineda. Gracias por su trabajo impecable, serio y fascinantemente diligente. ¡He aprendido muchísimo!

A cada lectora que ha seguido mi trayectoria como escritora. Sus poderosos testimonios de lo que ocurre en sus vidas a través de las páginas de los libros llenan mi alma de gratitud, pues es saborear la gran fidelidad de Dios. ¡Seguimos!

Bibliografía selecta

1. Philip J King, Lawrence E Stager, *Life in Biblical Israel,* King & Stager, Westminster John Knox Press, Louisville, KY, 2002, p. 37.
2. *Enciclopedia Judía,* «Leyes de Matrimonio».
3. Erving Goffman, *Estigma: La identidad deteriorada,* Amorrortu editores Paraguay; Madrid, España; Buenos Aires, Argentina.
4. Kasthuri Pandiyan, H. Chandra Shekar, N.R. Prashanth y A. Gangadara, «A Study of Psychological Morbidity Among Female Sex Workers», Volumen 10, *IOSR Journal of Mathematics* (IOSR-JM), marzo a abril de 2014, pp. 81-88.
5. Ruth Pinedo González y Félix López Sánchez, «Soledad social y emocional en personas que ejercen prostitución: Factores de riesgo asociados», *Apuntes de Psicología,* número 1, vol. 33, 2015, pp. 17-22.
6. Martha S. Ryana, Devaki Nambiar, Laura Ferguson, «Sex Work-related Stigma: Experiential, Symbolic and Structural Forms in the Health Systems of Delhi, India», Social Science & Medicine, volumen 228, mayo de 2019, pp. 85-92.
7. Jennifer Truschka, «Prostitute-serving Organizations (PSOs) and their Perspectives on Mental Health Concerns Facing Consenting, Adult Prostitutes and other Sex Workers: An International, Qualitative Study Involving New Zealand, Australia, the United Kingdom and the United States», *ProQuest Dissertations & Theses,* Ann Arbor, MI, 2016.
8. Camila Vélez y Cristelle Audet, «Indoor Female Sex Workers' Experiences of Counselling: A Hermeneutical Phenomenological Exploration», *Canadian Counselling and Psychotherapy Association,* volumen 53, 2019.

Acerca de la Autora

La **Dra. Lis Milland,** consejera profesional, profesora universitaria, conferenciante y comunicadora, cuenta con un doctorado en Consejería Profesional de la Universidad Interamericana y una maestría en Trabajo Social de la Universidad de Puerto Rico. Está certificada en distintas técnicas poco tradicionales para la terapia clínica de pacientes con depresión, trastornos de ansiedad y problemas de abuso de sustancias.

Fundó y dirige el Centro de Consejería Armonía Integral, Inc. Como terapeuta clínica, ha atendido a más de veinte mil casos en Puerto Rico y en el extranjero. Además, ha sido misionera en Honduras, Ecuador, El Salvador, Islas Vírgenes y en tribus indígenas de la selva panameña. En estos lugares ha implementado la consejería grupal con base Teocéntrica.

En Puerto Rico participa como moderadora en distintos medios de comunicación, radio y prensa escrita. Desde hace más de diez años tiene un segmento dirigido a la mujer en la emisora radial Nueva Vida 97.7 FM.

La Dra. Milland es la autora de varios libros éxitos de venta en los que se incluyen, entre otros, *Vive libre, vive feliz* (2014); *El perfil psicológico de Jesús* (2016) y *Lo que la pérdida no te puede quitar* (2018, Casa Creación), el cual tuvo tres nominaciones en los Premios SEPA (2019) como «Mejor Libro de Vida Cristiana», «Mejor Libro Original en Español» y «Mejor Libro del Año»; y *Mujer, conoce tu valor y vive con propósito* (2020, Casa Creación).

Todos sus libros se mantuvieron de manera constante en la lista de «Los más vendidos» de la editorial. También creó el CD «Sentidos Abiertos» (2010) que contiene estrategias para la relajación mental, el CD para niños «Corazón Feliz» (2013), el libro de cuentos para niños *Nací para ser feliz* (2014), la agenda para la mujer: *Sanidad interior para cada día del año* (2015) y *¡Gana la batalla en tu interior!* (2021), galardonado con el premio de la Asociación de Editoriales Evangélicas, SEPA.

Realiza talleres de sanidad interior para la mujer puertorriqueña libres de costo. Cada año produce el Encuentro Nacional de Mujeres al que asisten más de tres mil participantes. En dos ocasiones, la Cámara de Representantes del Gobierno de Puerto Rico le ha otorgado una proclama de reconocimiento por su dedicación y esmero en favor de la salud mental.

Está casada con el catedrático universitario y abogado, el Dr. Luis Armando Rivera. Ambos son los orgullosos padres de Adrián Emmanuel. Residen en San Juan, Puerto Rico.

La Dra. Lis Milland realiza talleres de Sanidad Interior a nivel internacional, siempre reforzando un mismo mensaje: «La felicidad es una elección. Puedes ser feliz, independientemente de tus circunstancias».

Para más información o para comunicarte con la Dra. Lis Milland, puedes hacerlo a través de estos medios:

Teléfono: (787) 396-8307
Correo electrónico: dralismilland1@gmail.com
Facebook: Lis Milland/ @dralismilland
Twitter: @lis_milland
www.decidiserfeliz.com